22.66 €

# Reconnaître les meubles de style

*par P.M. Favelac*

Ch. Massin

# La Renaissance

## L'époque

C'est l'émerveillement de Charles VIII, en guerre, devant la Chartreuse de Pavie qui fut, dit-on, à l'origine de la Renaissance française. De retour en France, le roi fait en effet venir d'outre-monts une pléiade d'artistes. Le Moyen Age prend fin. La civilisation est alors en crise et s'endort dans un formalisme rigoureux.

D'abord italienne, la Renaissance touche peu à peu l'Europe entière. C'est une ère de rupture. A la civilisation religieuse caractéristique de l'époque médiévale succède une civilisation civile. Des princes d'Etats déjà centralisés remplacent, dans la hiérarchie du pouvoir, ceux d'une Eglise jusque-là omnipotente. Ce sont eux, désormais, les instigateurs et les mécènes d'une nouvelle culture. Les villes grandissent et s'enrichissent. La société devient urbaine. A mille ans de christianisme tout puissant fait suite un néo-paganisme où s'associent et se mêlent, sur une même échelle des valeurs, les dieux d'une mythologie antique et les encore vivaces figures de l'ère chrétienne. Un siècle après l'Italie, la France redécouvre la richesse et la rigueur de la pensée des arts venus de l'Antiquité.

Parallèlement, l'homme commence à réfléchir sur lui-même. Erasme est à l'origine d'un courant humaniste et Luther, en s'opposant à l'autorité pontificale, tente de retrouver l'esprit profond d'une pensée religieuse. On vit une époque bouleversée. Guerres et plaisirs s'associent sans vergogne. On aime la fête, le luxe, les arts. Les artistes sont désormais des gens respectés et non plus de simples exécutants. On se réfère à leur individualité, à leur

▲
*1.* Chaise à bras. Accotoirs infléchis reposant sur des balustres. Pieds antérieurs droits en colonne avec entretoise en cadre. Pieds postérieurs dans le prolongement du dossier.

*4.* Lit à montants en colonnes cannelées. Tête de lit sculptée surmontée d'un fronton découpé. Personnages dans des niches séparées de pilastres cannelés sur le bas du lit.

◄ 2. Pieds avec entretoise en H.

*3.* Piètement en éventail décoré de chimères. Traverse centrale ornée de coquilles. Aux angles, toupie en pendentif.
▼

talent, à leur inspiration (toutes notions négligeables avant). Charles Quint, dit-on, ramasse le pinceau du Titien et Donatello refuse de se découvrir devant l'évêque de Padoue. La peinture connaît de grands bouleversements. Les lois de la perspective sont désormais assimilées et codifiées ; on connaît les traités d'artistes en établissant les lois, en particulier ceux d'Alberti ou de Léonard de Vinci. Devenue profane, la peinture recherche un certain réalisme, un dynamisme et, souvent, une évidente monumentalité.

Idées et arts concourent au culte de l'homme, qu'il soit prince, Laurent le Magnifique ou érudit. Le temps des cathédrales s'achève, celui des palais le remplace.

# Le style

S'étendant de la fin du XVe siècle (première expédition en Italie de Charles VIII en 1494) jusqu'au début du XVIIe siècle, la Renaissance française est surtout caractérisée par une influence déterminante de l'Antiquité. A l'ogive spécifique du style gothique en honneur durant tout le Moyen Age, on préfère bientôt les structures en équilibre (et non plus en tension) des monuments antiques. Les choses ne sont néanmoins pas modifiées en un jour et les bouleversements de civilisation n'ont pas été immédiats. Si le succès rencontré par le goût italien, caractéristique de tout l'esprit de la Renaissance, a été si vif dans tout l'Occident (et cela au détriment d'une influence nordique très vive à l'époque médiévale), c'est qu'effectivement la culture gothique tendait vers un certain épuisement, vers un formalisme redondant. Devenu flamboyant, ce style s'enivrait d'une recherche décorative peu conforme à la pureté de son idéal.

Venue à point nommé, la culture à l'italienne ne pouvait, dans ces conditions, qu'être influente. Elle le fut. Presque d'une manière exclusive, durant les premières décennies du XVIe siècle. Des artistes toscans, émiliens viennent, à la demande des rois, s'installer en France. Charles VIII fait venir le Boccador. La première Renaissance, celle des châteaux de la Loire, renaissance qui s'exprime principalement en architecture, est ainsi très fortement influencée par l'Italie. Les choses changent par la suite, même si en faisant venir à Fontainebleau le Primatice et Rosso (à défaut d'avoir su attirer Michel-Ange, del Sarto ou Léonard), François Ier fait encore appel à des italiens. Très vite, en effet, l'école de Fontainebleau devient d'essence beau-

◀
5. Table en noyer à rallonges.
Les pieds sont formés
de colonnettes cannelées
posées sur des patins
reliés par une traverse à balustres.
Les patins sont terminés
en consoles ornées de pennes.
Entre les pieds vase à l'antique.

6. Chaire à haut dossier : forme encore médiévale. Décor central : cuir dans un médaillon entre vases et rinceaux, typique de la Renaissance. Montants latéraux décorés de pilastres.
▼

coup plus internationale : des français et des nordiques — comme Fouquet — travaillent au château. Peu à peu, une Renaissance d'inspiration réellement française prend corps. Elle sera manifeste sous le règne suivant, lorsque Henri II confie la surintendance des bâtiments à Philibert Delorme.

Dans les premières années du XVIe siècle, le style est encore très fortement marqué par l'héritage du Moyen Age. L'aspect extérieur du mobilier n'a en réalité évolué que par quelques détails. Les structures du meuble restent aussi sommaires qu'elles l'étaient à l'époque médiévale. La technique n'a pas fait de grands progrès. Seul le décor et quelques éléments de l'ornementation changent vraiment. On abandonne les pinacles et les ogives au profit des pilastres et des décors en faibles reliefs. Arabesques, personnages dans des médaillons et grotesques d'inspiration italienne viennent décorer des façades volontiers découpées en caissons.

L'impulsion donnée aux arts en général, et aux arts décoratifs en particulier, par les travaux de Fontainebleau sous François Ier, est déterminante. Aux sculptures en méplat, on préfère désormais des sculptures en fort relief. Les stucs des murs, tout comme les meubles, sont richement traités et abondamment sculptés. On découvre une affinité évidente entre architecture et mobilier, à tel point que les meubles eux-mêmes sont désormais organisés comme des architectures en miniature. Des pilastres cannelés, des colonnes des divers ordres antiques viennent enjoliver les façades et soutiennent des frontons et des chapiteaux nés de l'architecture grecque et de l'architecture moderne de l'époque. Niches et décrochements se retrouvent, dans une symétrie absolue, sur les bâtiments de Pierre Lescot

*7. Décor de cuir découpé dans un médaillon.*

*8. Cul de lampe en toupie, entre des pieds en colonnettes cannelées sous le plateau d'une table à l'italienne.*

et sur les buffets de la deuxième moitié du XVI<sup>e</sup> siècle.

La technique, elle-même, évolue et fait des progrès. Les menuisiers emploient désormais la technique en queue d'aronde pour les assemblages. Ils abandonnent également le chêne, bois exclusivement utilisé au Moyen Age, au profit du noyer, plus facile à travailler et à sculpter. La teinte en est plus claire, le mobilier devient moins austère. D'Italie, on importe une nouvelle technique de coloration des bois. La marqueterie naît bientôt, elle apparaît sous cette dénomination dans le dernier quart du XVI<sup>e</sup> siècle.

Le décor, lui aussi, s'enrichit de nouveaux motifs. Les menuisiers s'inspirent des dessins des ornemanistes dont, en France, Androuet du Cerceau semble être le plus célèbre.

Aux grotesques imités des décors trouvés dans les grottes de Titus et dans les fouilles de la Maison dorée de Néron, s'ajoutent d'autres motifs, parmi lesquels il faut compter les incrustations à la «moresque», sorte de damasquinage d'ivoire ou d'os incrusté dans le bois. Les plumes, les rinceaux, les chimères, les têtes de béliers, les mufles de lions, les animaux fantastiques, les mascarons, les parchemins enroulés et les miroirs bombés sont également fort prisés et se rencontrent sur le mobilier de la Renaissance.

*9. Tête de personnage sculptée en fort relief dans un médaillon.*

*10. Buffet de forme encore médiévale quoique rectangulaire. Deux tiroirs dans la ceinture. Portes ornées de médaillons à personnages.*

# Les meubles

## Les sièges

### • *Les Chaises*
— formes très raides ;
— quatre pieds en colonnes reliés à la base par une entretoise en cadre ou en H ;
— sièges rectangulaires plats, nus, parfois garnis de cuir ou d'étoffe ;
— prédominance des tabourets sans dossier.

### • *Les Fauteuils*
— persistance de la chaire médiévale avec un décor sculpté Renaissance ;
— hauts dossiers rectangulaires et plats, sculptés ;
— sièges carrés reposant sur un coffre ;
— apparition de la chaire à bras ;
— mêmes caractéristiques que la chaise ;
— sièges carrés ou rectangulaires parfois garnis ;
— dossiers plats, rectangulaires, souvent ajourés ;
— chaises à femme ou «caquetoire» à siège trapézoïdal ;
— accotoirs droits ou très légèrement infléchis ;
— supports d'accotoirs en balustre.

## Tables
— persistance des tables à tréteaux ou tables ployantes ;
— apparition des tables fixes ;
— nombreux pieds (six, huit ou neuf) ;
— pieds reposant sur des patins sculptés ;
— traverses surmontées de colonnes ou d'arcatures reliant entre eux les patins ;
— tables rectangulaires reposant sur des piéte-

*11.* Buffet à deux corps. Tiroirs dans la ceinture. Mascarons entre les tiroirs. Doubles vantaux encadrés de moulures, sculptures en ronde bosse au centre. Montants sculptés. Têtes de béliers aux angles. Corniche à modillons.

◀ *12.* Buffet à deux corps.
Le corps supérieur est en retrait.
Tiroirs dans la ceinture.
Montants sculptés de pennes d'oiseaux
et de consoles à feuilles d'acanthe.

▶ *13.* Pennes d'oiseaux
sculptés sur les montants.

▶ *14.* Coffre
à panneau continu
en façade.
Angles sculptés
de cariatides,
renflement à la base
sculpté de feuillage
et de coquilles.
Rinceaux et chimères
sous le plateau.

ments en éventail reliés par une traverse terminée en patins ;
— plateaux parfois doublés d'allonges «à l'italienne» ;
— cul-de-lampe en toupie sous les plateaux ;

### Les coffres
— persistance du coffre jusqu'à la vulgarisation de l'armoire ;
— façades divisées en un panneau central entouré de panneaux latéraux ;
— coffre posé sur des pieds courts en boule, en griffes de lion ;
— façades ornées de sculptures ;
— montants latéraux parfois sculptés en cariatides.

### Les buffets
— persistance du buffet médiéval composé d'un corps supérieur reposant sur un guichet ;
— apparition et multiplication du buffet à deux corps ;
— corps supérieur légèrement en retrait ;
— simple ou double rangée de tiroirs entre les deux corps ;
— corps à double vantaux encadrés de montants sculptés ;
— nombreuses copies très interprétées du buffet «Henri II» à la fin du XIX$^e$ siècle, jusqu'en 1920.

### Les lits
— tout en tissu ;
— cubiques d'aspect ;
— composés d'un châssis sans sommier ;
— un dais supporté par des colonnes droites les surmonte.

## Les matériaux
Le noyer massif tend à remplacer le chêne utilisé pendant tout le Moyen Age. Celui-ci ne disparaît néanmoins pas totalement. L'ivoire, l'os, les bois clairs sont également employés pour réaliser les décors en incrustations.

## Les créateurs
Si les artisans qui ont réalisé les meubles de la Renaissance sont, jusqu'à présent, restés anonymes, on connaît néanmoins les noms des quelques «artistes» qui dessinaient des modèles de meubles et d'ornements, en publiaient les recueils et, ainsi, influençaient les artisans. Ainsi, Jacques Androuet du Cerceau, Hugues Sambin ont-ils contribué à la diffusion et à l'élaboration du style.

### Principales caractéristiques du style Renaissance
— emprunt des formes à l'architecture antique : frontons, colonnes, pilastres, arcades ;
— abondance des sculptures en ronde bosse ;
— raideur des formes ;
— ornementation chargée et diverse ;
— grotesques, rinceaux, mascarons, cuirs, pennes, médaillons bombés.

# Louis XIII

## L'époque

«Paris vaut bien une messe.» En abjurant, Henri de Navarre, lointain cousin du dernier des Valois, accède au Royaume de France et devient roi sous le nom d'Henri IV. Sacré à Reims en 1594 nouveau roi, il tente d'abord d'apaiser les esprits. L'Edit de Nantes de 1598 veut avant tout consacrer une paix intérieure nouvellement acquise. Il s'emploie alors, avec l'aide de Sully, à l'enrichissement de la France. «Labourages et pâturages» sont fortement sollicités. Pour stimuler une activité nouvelle, la création d'industries diverses, en particulier celle de l'étoffe et du meuble, est encouragée. La fièvre de bâtir s'empare bientôt de la France, qui se couvre de châteaux et de gentilhommières. Le style Louis XIII naît alors. Pourtant enjolivée par la légende, l'œuvre du Vert Galant n'est pas aussi altruiste. La fameuse poule au pot ne figurait pas souvent sur la table d'une classe paysanne misérable et fortement imposée. Les essais tentés pour assainir les finances de l'Etat n'ont pas un but que l'on qualifierait aujourd'hui de social, mais servent essentiellement à asseoir le pouvoir personnel du Roi. La première tentative du centralisme du pouvoir est amorcée. Il sera au centre de l'histoire du XVII<sup>e</sup> siècle.

A la mort de son père, Louis XIII n'est qu'un enfant. Durant la Régence de Marie de Médicis, le pouvoir central est de nouveau ébranlé. Il faut attendre l'arrivée de Richelieu pour que s'établisse un pouvoir quasi absolu.

L'époque est néanmoins troublée. Dans un dernier sursaut, des «grands» tentent de réintroduire une certaine féodalité dans le régime (la Fronde). A cela s'ajoutent des révoltes populaires quasi permanentes en cette première moitié du XVII<sup>e</sup> siècle.

▲
*15.* Cabinet en ébène avec incrustations d'ivoire dans le goût italien, reposant sur un piétement en balustre tourné. La façade du cabinet, avec sa petite armoire centrale encadrée de colonnettes torses, évoque encore la Renaissance et son goût pour l'architecture.

*16.* Panneau orné d'un motif géométrique en pointe de diamant.

*17.* Pied en boule aplatie dit «en rave».

Le société elle-même, la société lettrée, paraît à la recherche de son identité. Corneille fait triompher l'idéal du héros alors que Poussin, admirateur de l'Antiquité, plie l'humain à la grandeur de la statuaire. Apparemment, le classicisme est né. Pourtant, baroque et préciosité exercent encore une évidente emprise sur le goût. Astrée rêve sur les bords du Lignon et Cyrano, sceptique, part à la conquête de la lune.

Assez paradoxal, ce début du XVIIe siècle apparaît surtout comme un temps charnière. Une époque mouvementée qui voit à la fois se prolonger une civilisation issue de la Renaissance et s'élaborer un style plus typiquement français qui, pour quelques siècles, aura une audience dans l'Europe entière.

*18.* Riche cabinet avec incrustation de pierres dures (Lapis Lazuli) et d'écaille sur fond d'ébène. Repose sur un piétement en bois tourné en chapelet.

## Le style

Comme sous la Renaissance, le mobilier, au début du XVIIe siècle, se réfère encore aux formes architecturales nées de l'Antiquité. L'Italie reste, à cette époque encore, un modèle que l'on imite. Marie de Médicis, d'origine florentine, mère de Louis XIII et, un temps, Régente, protège, à la cour, des artistes de son pays. Si Anne d'Autriche, d'origine espagnole, Reine puis, elle aussi, Régente, importe des meubles de son pays natal, elle n'en est pourtant pas moins éprise d'art italien. Mazarin, son ministre et sans doute plus, homme de goût et collectionneur émérite, s'entoure également d'artistes d'outremonts. De ce pays, on importe des marbres, des étoffes, des miroirs et des verreries. Les faïences de Faenza connaissent une vogue certaine. On les imite à Nevers. On poursuit ainsi une tradition qui a vu le jour avec la Renaissance.

Pourtant, l'influence italienne n'est pas exclusive. Flandres et Pays-Bas exportent aussi leur goût et leurs artistes. Marie de Médicis demande à Rubens de décorer le Palais du Luxembourg. Les artistes flamands viennent en France et apprennent aux artisans français une technique qui aura un grand développement, l'ébénisterie.

Avec eux pénètre ainsi, en France, une certaine forme de baroque, propre à l'Europe du Nord, différent du baroque italien.

Le style Louis XIII, qui, en réalité déborde largement le règne de ce seul roi et s'étend, en fait, de l'avènement de Henri IV jusqu'au règne effectif de Louis XIV, apparaît comme un mélange de ces divers apports. Il tend même à imposer une certaine européanisation du goût.

◀
*19.* Buffet à deux corps en noyer
avec un corps supérieur s'ouvrant à deux vantaux
posé sur le corps inférieur
s'ouvrant également à deux vantaux.
Portes moulurées.
Montants flanqués de colonnettes
tournées en chapelet.

*20.* Armoire à portes ornées de pointe de diamant.
Encadrement de colonnettes tournées en chapelet.
Grand tiroir dans la ceinture.
▼

La forme générale des meubles est souvent compacte. Plus sévères que rigoureuses, les lignes en sont architecturées et plutôt géométriques. D'une tradition issue de la Renaissance, on a conservé le goût des meubles massifs, parfois abondamment sculptés. Des éléments de la faune et de la flore servent encore de motifs de décoration.

Des guirlandes de feuillages ou de fruits encadrent souvent les panneaux. Roses, tulipes, œillets sont les fleurs les plus fréquemment rencontrées alors qu'on trouve encore des têtes d'animaux, en particulier des têtes de lions stylisées terminant les accotoirs des sièges.

Pourtant, d'autres types de décor sont très en faveur en cette première moitié du XVII$^e$ siècle. La mouluration, déjà employée dans le style précédent, se généralise et tend à imposer, au sein de la bourgeoisie, des meubles dépouillés, sobres, aux formes rectangulaires simplement soulignées d'encadrements. Le centre des panneaux est lui-même souvent sculpté et orné de motifs géométriques simples, carrés, losanges, cercles, ou, lorsque les facettes sont très accentuées, taillé en pointe de diamant.

C'est au début du XVII$^e$ siècle qu'apparaît une nouvelle corporation d'artisan du meuble. Installés en confrérie dès la fin du XVI$^e$ siècle (1573), les tourneurs vont peu à peu produire de nombreux éléments du mobilier. Les pieds de table et des sièges font couramment appel à ce procédé dans la première moitié du XVII$^e$ siècle. On utilise divers modes de tournage : en chapelet, le plus simple, en spirale et, plus tard semble-t-il, en balustre. On doit aussi aux tourneurs les toupies et les poires qui entrent dans la décoration du meuble et ponctuent traverses et entretoises.

Si ce mobilier bourgeois est certes le plus répandu, il

◀
*21.* Chaise à dossier bas garni.
Siège garni.
Pieds avant en bois tourné,
pieds arrière simplement équarris,
double entretoise de bois équarri.

◀
*22.* Chaise à dossier bas
et siège garni de cuir.
Pieds antérieurs
et arrière
en bois tourné
en spirale.
Entretoise en H.

n'est pas exclusif du style. Parallèlement à cette production plus courante, on a effectivement fabriqué un mobilier infiniment plus luxueux réservé, à l'époque, à une élite et qui faisait déjà l'objet de collection. Les cabinets sont les plus représentatifs de ces meubles. Les placages d'ébène (d'où le nom d'ébénisterie) furent les premiers employés dès le début du XVIIe siècle. On utilisa, par la suite, des matériaux les plus variés où bois exotiques, métaux, pierres semi-précieuses, écailles s'associaient en des compositions qui reprennent les grandes données de l'architecture. Relativement simples à l'extérieur, ces cabinets révèlent, une fois leurs vantaux ouverts, des façades conçues avec des colonnes, des frontons et des niches, le tout parfois accentué par des trompe-l'œil théâtraux.

Même fabriqués en France, ces cabinets subissent une influence directe, soit d'Italie, soit, surtout, de Flandres. Difficiles à dater, ces meubles annoncent le mobilier Louis XIV. Leur fabrication s'est d'ailleurs perpétuée sous le Règne du Roi Soleil, jusqu'à la fin du siècle, et les marqueteries de Boulle semblent directement issues des techniques élaborées au début du siècle.

◀
*23.* Fauteuil à dossier bas et siège à garniture fixe. Pieds avant en bois tourné en chapelet. Pieds arrière simplement équarris. Traverse en H en bois tourné. Accotoirs droits en bois tourné. Supports d'accotoirs en balustre tourné.

◄
*24.* Support d'accotoir en balustre tourné terminé par un buste de femme. Fauteuil dit à la Poupée.

*25.* Accotoir de fauteuil légèrement incurvé, terminé par une tête de lion reposant sur un balustre tourné.
▼

# Les meubles

### Les sièges

• *Les Chaises*

— pieds verticaux ;
— pieds antérieurs en bois tourné : en chapelet, en spirale, en balustre ;
— pieds arrière simplement équarris, sinon, traités comme les pieds avant ;
— pieds reliés à leur base par une entretoise en H ;
— pieds antérieurs réunis, sous la ceinture, par une traverse de bois tourné ;
— sièges équipés d'une garniture fixe ;
— dossiers bas et rectangulaires (début du style) ;
— dossiers hauts, rectangulaires, légèrement inclinés vers l'arrière (fin de style) ;
— dossiers garnis comme le siège ;
— haut des dossiers rectiligne.

• *Les Fauteuils*

— seuls les accotoirs les différencient des chaises ;
— accotoirs droits, en bois tourné, assortis aux pieds ;
— accotoirs non garnis de manchettes ;
— accotoirs légèrement incurvés, terminés par une crosse ;
— supports d'accotoirs droits, dans le prolongement des pieds antérieurs ;
— accotoirs terminés par une tête de lion, de bélier ou par un buste de femme (sièges à la poupée) ;
— sièges cannés d'origine sans doute flamande (très copiés à la fin du XIXe siècle) ;
— les fauteuils en os de mouton ne sont pas Louis XIII mais Louis XIV.

◄
*26.* Table à piétement tourné en torsade.
Entretoise en H.
Dessus, coffret de tapisserie.

▶
*28.* Buffet à deux corps.
Le corps supérieur est légèrement en retrait.
Trois tiroirs dans la ceinture.
Portes et panneaux encadrés de moulures et décorés de motifs géométriques en losange.

### Tables et guéridons
— pieds droits en bois tourné ;
— entretoises en H reliant les différents pieds ;
— grandes traverses tournées ornées en leur centre d'une pomme ou d'une toupie ;
— pieds en boule, en rave ;
— petites tables à pieds en balustre, reliés par une entretoise sinueuse en X ;
— généralisation des tables d'étoffe sans bois apparent.

### Commode
— la commode Louis XIII n'existe pas.

### Cabinets
— petites armoires à double vantail posée sur un piétement de bois tourné ;
— apparition des placages d'ébène ;
— façades traitées comme une architecture, avec pilastres et fronton ;
— panneaux (portes, tiroirs), soulignés de moulurations ;
— utilisation de matériaux précieux (écaille, pierres dures...) pour le décor ;
— intérieur du cabinet équipé de petits tiroirs, décor très théâtral.

### Buffets et armoires
— toujours en vogue ;
— meubles à deux corps ;
— quatre vantaux ;
— frontons parfois découpés en leur milieu ;
— panneaux ornés de sculptures géométriques (pointe de diamant) ;
— panneaux cernés de moulures profondes ;
— panneaux pouvant être peints de bouquets polychromes ;

*27.* Table en bois de rose à pieds en balustres effilés reliés par une entretoise en H.
▼

▲
*29.* Entretoise en X sinueuse reliant les pieds en balustre d'une table.

▲
*30.* Entretoise en X sinueuse surmontée d'une toupie en bois tourné.

— corps d'en bas légèrement plus grand que le corps supérieur ;
— pieds en boule ou en rave ;
— apparition de l'armoire ;
— mêmes structures que le buffet, mais un seul corps ;
— panneaux des portes moulurés, décorés en pointes de diamant ;
— souvent un tiroir à la base ;
— les angles peuvent être ornés de colonnes torses ou de sculptures.

**Les lits**
— lits à bois apparents ;
— surmontés d'un dais soutenu par quatre montants ;
— montants en quenouilles puis en colonnes circulaires ou cannelées ;
— lits courts.

## Les matériaux

Les meubles courants sont des meubles de menuisier. Les bois les plus utilisés sont le chêne, le noyer, le poirier, le sapin. Les meubles luxueux sont marquetés d'ébène (on utilise aussi le poirier noirci). S'y ajoutent l'ivoire, les pierres dures, les marbres, l'étain, divers métaux.

## Les créateurs

Peu de menuisiers sont connus. On peut néanmoins citer : Laurent Stabre, Jean Macé, Pierre Boulle. En outre, Richelieu a tenté de confier à Poussin une sorte de regard d'ensemble sur les arts.

**Principales caractéristiques du style Louis XIII**
— meubles massifs et droits ;
— moulurations profondes encadrant les panneaux et les soulignant ;
— piétements droits en bois tourné ;
— entretoises en H entre les pieds ;
— pieds courts en rave ou en boule ;
— décor géométrique en pointe de diamant.

# Louis XIV

## L'époque

«L'Etat, c'est moi». Rarement une phrase, réellement prononcée ou non, n'aura mieux défini, à la fois un homme et son temps. L'homme, Louis XIV, monarque absolu, toujours soucieux de renforcer son pouvoir et sa gloire. L'époque, la deuxième moitié du XVIIe siècle, tout entière vouée au culte presque exclusif de son Roi.

Profondément marqué par la Fronde qui a sévi pendant son enfance, sous la Régence d'Anne d'Autriche et de Mazarin, Louis XIV, une fois à la tête du pays, a très vite le souci de s'attacher la Noblesse, de la surveiller et d'en limiter le pouvoir. Il veut être, et fera tout pour cela, le seul en qui s'exerce la puissance. La fonction de Premier Ministre est supprimée. Il ne fera jamais appel à un prince de sang ou à un cardinal pour siéger au Conseil du Roi.

Ebloui et irrité par la fastueuse ascension de Fouquet, Louis XIV, en 1661, fait arrêter l'ancien surintendant et confisque ses biens. Les trois principaux créateurs du domaine de Vaux-le-Vicomte sont alors attachés à la Couronne. Le Vaux, Le Brun et Le Nôtre travailleront désormais pour le Roi. Deux ans après, les transformations de Versailles sont entreprises. C'est une aventure démesurée, majestueuse, mégalomane. La France devient, de ce fait, le centre de l'élite européenne et Versailles son épicentre. Y sont réunis les artistes les plus prestigieux. Versailles s'offre aux yeux du monde comme le modèle à imiter. L'art français rayonne de toute l'aura de sa grandeur.

Classicisme et baroque se disputent la mainmise sur l'esthétique du temps. Ils en sont les deux principaux mouvements. Le goût français néanmoins pa-

31. Fauteuil à dossier haut, rectangulaire, légèrement incliné. Pieds en balustre carré réunis par une entretoise en H. Accotoirs infléchis garnis d'une manchette reposant sur des consoles.

raît mieux s'accommoder de la rigueur et de l'équilibre du premier que des élans du second. Aux plans du Bernin pour terminer le Louvre, on préfère, peut-être par simple souci d'économie, le projet de Perrault et son imposante colonnade.

Stimulée, encouragée, mais aussi très fortement canalisée, l'activité intellectuelle est intense. On parle de Siècle de Louis XIV, tant son impact est, là aussi, déterminant. Corneille, Molière et Racine écrivent pour et par Versailles. On cultive les belles lettres, et on en édicte les règles : de nombreuses académies sont créées. On tente de définir l'usage d'une langue très imprécise : le premier dictionnaire de l'Académie paraît en 1694. La querelle des anciens et des modernes remet en cause, à la fin du siècle, l'exemple exclusif de l'Antiquité. On se fie à la raison et, déjà, au sentiment. Le XVIII$^e$ siècle naîtra sur ces bases. Dans les lettres et dans les arts plastiques, on perçoit ainsi des changements qui, battant en brèche le classicisme du XVII$^e$ siècle, annoncent la liberté baroque du siècle suivant.

32.  Pieds de tabouret en balustre tourné en bois noirci et doré. Feuilles sculptées sur les parties dorées. Entretoise sinueuse surmontée d'une toupie.

## Le style

S'épanouissant de la prise effective du pouvoir par Louis XIV (1661), jusqu'à la fin du siècle, le style Louis XIV fait étroitement corps avec le régime et avec son principal personnage : le Roi.

Majestueux et plein d'ampleur, fastueux, monumental, il est mû par une volonté presque politique de prestige. Il s'agit, par l'apparat déployé, d'imposer aux peuples une image de la puissance et de la grandeur du souverain.

Se référant aux canons de l'Antiquité, ce style est entièrement fondé sur un respect absolu de la symétrie. Tout le décor est conçu en fonction de cet axe aussi bien vertical qu'horizontal. Les lignes en sont fortement marquées et le décor ne vient que parachever l'ensemble.

Né d'un régime autoritaire, le style Louis XIV est, lui aussi, fortement centralisé. Entendons par cela qu'il est presque l'œuvre d'un seul homme, hormis le Roi lui-même. Le Brun, premier peintre du Roi, concentre tous les pouvoirs. C'est lui qui, en fait, dirige l'aménagement de Versailles. C'est également lui qui se trouve à la tête de l'Académie Royale de peinture.

C'est encore lui qui est nommé directeur de la Manufacture Royale de la Couronne aux Gobelins. Il impose à tous son goût de l'Antiquité. Un goût qu'il tient de Nicolas Poussin, peintre qu'il admire entre tous. Architectes, ornemanistes, peintres et autres se plient à la rigoureuse discipline qu'il impose. Classique, le style Louis XIV l'est fondamentalement, même si quelques pointes baroques viennent parfois en ponctuer l'ordonnance, et si les jeux d'eau, forts prisés à l'époque et présents dans tous

*33.* Fauteuil à haut dossier rectangulaire, plat et incliné. Haut du dossier découpé en cintre. Accotoirs et supports d'accotoirs sinueux. Piètement en os de mouton. Entretoise en X.

les aménagements de jardins, introduisent une note de mouvement liquide. Le formulaire classique impose à tout un immobilisme quasi hiératique. La splendeur doit s'ordonner sur des plans précis qui, comme ceux de la Renaissance, se réfèrent aux Anciens.

L'aménagement intérieur de Versailles est en ce sens exemplaire. Fastueux, le décor s'organise en plans soigneusement dessinés et marqués. Des pilastres encadrent des panneaux lambrissés de marbres polychromes ou tendus d'étoffes soyeuses aux coloris vigoureux. D'autres murs sont habillés de tapisseries hautes en couleurs dont les sujets, allégoriques, mythologiques ou guerriers, sont encadrés de larges bordures en trompe-l'œil. Des plafonds peints de scènes elles aussi mythologiques ou martiales parachèvent le décor. L'or y est déployé à profusion. Il souligne les grandes articulations de l'architecture et sert à l'encadrement des nombreux tableaux (souvent intégrés à l'architecture) qui sont à la base du décor. Dessus-de-porte, plafonds, voussures, angles sont ainsi décorés jusqu'à la surcharge. Le mobilier a été conçu pour s'intégrer à ce type d'environnement. Il se devait donc d'être lui-même assez solide et fortement proportionné pour ne pas paraître écrasé sous le poids de l'espace.

Massif, ce mobilier n'est pourtant plus construit selon les structures exclusives de l'architecture. Colonnes, frontons, chapiteaux sont abandonnés. Les pieds restent néanmoins vigoureux, en forme de balustre, de gaine ou de console. A la fin du règne apparaît une forme plus ondoyante qui fera fortune ; le pied-de-biche.

Le mobilier Louis XIV est surtout remarquable, comme l'architecture, par la richesse du décor. Sculptures, marqueteries et bronzes ornent abondamment tous les meubles.

*34.* Bureau Mazarin à huit pieds en console
reliés quatre par quatre par des entretoises en X.
▼

*36.* Commode Louis XIV
en marqueterie de cuivre et d'écaille
ouvrant à quatre tiroirs séparés par des traverses.
Entrées de serrures et poignées en bronze ciselé.
Encadrement des tiroirs et des panneaux latéraux
également en bronze. Dessus de marbre.

*35.* Bureau Mazarin à huit pieds en balustre carré
reliés quatre par quatre par des entretoises en H
que réunit une traverse centrale.
Marqueterie d'étain et de palissandre
dans le goût de Boulle.
Tiroirs et côtés décorés de feuillages en rinceaux.
▼

Si le mobilier courant est encore en bois massif, sculpté, le mobilier plus raffiné est, quant à lui, souvent polychrome. Le bois doré ou peint apparaît de nouveau à cette époque et connaît une grande fortune. Les placages se répandent et les façades des meubles sont abondamment ornés. On mélange les bois et on y ajoute des inscrustations d'écaille, d'étain, de cuivre. Des filets d'ivoire servent à encadrer les panneaux. Boulle acquiert en ce domaine une renommée immense. S'il n'invente pas le procédé du placage, c'est néanmoins lui qui met au point celui de la contrepartie pour réaliser en une seule coupe deux décors, l'un en cuivre sur fond d'écaille et l'autre, son négatif, en écaille sur fond de cuivre.

L'ornementation, chargée, fait appel à un répertoire d'une extrême richesse, rigoureux et impersonnel, scrupuleusement fondé sur la symétrie du décor. Feuilles d'acanthe, guirlandes et rinceaux, festons, lambrequins et entrelacs constituent un des éléments de base des compositions. Au décor, plus ou moins naturaliste de fleurs et de fruits en faveur sous Louis XIII (et qui est d'origine flamande), on semble désormais préférer des motifs plus abstraits que l'on retrouve également dans l'architecture et, surtout, dans les jardins dessinés «à la Française». Masques, têtes de faunes, têtes de lion, coquilles Saint-Jacques, dauphins participent également au décor.

*38. Commode à trois tiroirs séparés par des traverses. Encadrements des panneaux latéraux et divisions des tiroirs par des incrustations en filet de bois clair. Dessus de marbre. Pieds courts, droits, dans le prolongement des montants en pans coupés.*

Si la structure du mobilier reste encore massive, fortement charpentée, et si les formes demeurent essentiellement rectangulaires, on fait néanmoins déjà appel à la courbe, et cela de plus en plus au fur et à mesure du règne. Pieds et entretoises s'incurvent et s'infléchissent, les façades s'arrondissent parfois et les hauts de dossiers se terminent par un cintre. On retrouve ce même cintre, parfois agrémenté d'un simple ou double ressaut, sur les façades des armoires ou dans le tracé de leur fronton.

Bref, insensiblement, on perçoit, tout au long du règne de Louis XIV, un assouplissement des lignes qui sera la caractéristique la plus évidente de la première moitié du siècle suivant.

*37. Tabouret en bois doré réparé de losanges. Pieds sculptés en console. Entretoise sinueuse en X.* ▼

# Les meubles

## Les sièges

• *Les Chaises*
— moins répandues que les tabourets, placets ou ployants ;
— pieds droits en balustre carré ou en balustre rond ;
— pieds galbés en console ;
— pieds en os de mouton ;
— entrejambes en H ;
— entrejambes en X ;
— entrejambes sinueuses ;
— dossiers hauts, légèrement inclinés, côtés rectilignes ;
— hauts des dossiers cintrés ;
— dossiers garnis, sans bois apparent ;
— sièges garnis, sans bois apparent ;
— sièges carrés, à angles vifs, droits.

• *Les Fauteuils*
— mêmes caractéristiques que les chaises ;
— dossiers plats ;
— dossiers parfois garnis d'oreillettes (fauteuil en confessionnal) ;
— accotoirs mouvementés en S très allongé ;
— accotoirs terminés par des feuilles d'acanthe enroulées en crosse ;
— supports d'accotoirs en console ;
— supports d'accotoirs à l'aplomb des pieds antérieurs.

## Tables et guéridons

— généralement en bois sculpté, parfois peint, parfois doré ;

*39. Pied de fauteuil en balustre carré.*

*40. Fauteuil à dossier élevé, rectangulaire, légèrement incliné. Accotoirs sinueux reposant sur des consoles enroulées et sculptées de feuilles d'acanthe. Pieds en balustre carré réunis par une entretoise en X. Siège et dossier entièrement garnis, sans bois apparent.*

— plateaux épais, en marbre, en mosaïque de marbre, en bois ;
— plateaux généralement rectangulaires, parfois à pans coupés ;
— ceintures sous les plateaux ;
— ceintures sculptées, ornées de lambrequins ;
— pieds en balustre, en console, en balustre rond ;
— entretoises en H ou en X ;
— entretoises en volutes affrontées.

### Meubles à écrire, bureaux

— bureaux à huit pieds, dits bureau Mazarin : deux séries de tiroirs reposent respectivement sur quatre pieds, un tiroir ou une petite armoire en retrait laissant la place des genoux est fixé au centre du meuble, pieds en balustre ou en console reliés par des entretoises en H ou en X, façade des tiroirs, plateau et même pieds en balustres carrés souvent traités en marqueterie de métal et bois à la manière de Boulle ;
— apparition du bureau plat reposant sur des pieds galbés, surtout typique de la Régence ;
— pas de secrétaire haut.

### Commodes

— apparition de la commode créée par A.C. Boulle ;
— trois, quatre tiroirs séparés par des traverses (rarement moins, parfois plus) ;
— façades plates ou très légèrement galbées ;
— angles à pans coupés ou adoucis ;
— côtés plats ;
— côtés soulignés d'encadrements ;
— pieds courts, en balustres, en griffes, droits, en boules aplaties, en toupie ;
— tiroirs divisés visuellement en trois parties ;
— traverses inférieures droites ou découpées.

### Les lits

— composés d'un châssis recouvert d'étoffe ;
— surmontés d'un ciel de lit posé sur quatre colonnes ou suspendu directement au mur ;
— des plumeaux, des panaches ou des bouquets décorent le ciel de lit.

*41.* Motifs sculptés en lambrequins sur fond doré.

▲
*42.* Petite table en bois doré et plateau de marbre. Pieds en consoles réunis par une entretoise de volutes affrontées soutenant un vase sculpté. Ceinture sculptée de motifs en lambrequins.

## Les matériaux

Les meubles en bois massif sont réalisés en noyer, en châtaignier, en chêne. On applique parfois sur ces meubles des dorures. Pour ce faire, on prépare le meuble en l'enduisant de plusieurs couches de colle. On pose ensuite une assiette que l'on ponce et dont les diverses sculptures peuvent être retravaillées. Les surfaces lisses sont elles aussi traitées dans tout un travail de reparure. Ce n'est qu'ensuite que la feuille d'or est posée, brunie et polie à l'agate.

Le travail de placage prend un essor considérable sous Louis XIV. Divers matériaux sont employés. Métaux, écaille, os, ivoire, pierres dures et marbres sont fréquents.

Les bronzes connaissent, avec Boulle qui les ciselait lui-même, un développement extraordinaire. Ils sont le complément habituel des meubles de qualité.

## Les créateurs

Le plus célèbres des ébénistes de Louis XIV est sans contexte André-Charles Boulle. Laurent Stabre, Pierre Golle, Jean Macé sont également ébénistes. A ces noms, il faut ajouter ceux des ornemanistes, Jean Bérain, Lepautre, Marot, et surtout celui de Lebrun qui fut réellement l'instigateur du style Louis XIV.

### Principales caractéristiques du style Louis XIV

— majesté et richesse du mobilier ;
— marqueterie Boulle de métal, bois, écaille (très copiée au XIX$^e$ siècle) ;
— pieds en balustres carrés ;
— pieds en console ;
— entretoises en consoles ou en volutes affrontées ;
— masques et mascarons ;
— lambrequins ;
— feuilles d'acanthe.

# *Régence*

## L'époque

Les dernières années du règne de Louis XIV semblent ternir l'image du grand monarque. Le XVIIIe siècle commence par une guerre longue et dure. La Guerre de Succession d'Espagne ne se termine qu'en 1713 par un traité qui, s'il ne sanctionne pas une défaite, ne célèbre pas non plus une victoire. Durant ce long conflit, les finances de l'Etat ont été mises à mal et le pays a dû apporter, par l'impôt, une contribution lourde. Une disette, en 1709, plonge le petit peuple dans une réelle détresse économique. Le Roi est néanmoins toujours omniprésent, représentant à lui seul la France. La splendeur n'est plus aussi vive qu'avant. Son mariage avec Madame de Maintenon transforme ses goûts : elle exerce sur lui une influence certaine. Austère, pieuse, elle imprime à la Cour une nouvelle tournure. Les fêtes y sont moins fréquentes, on ne s'y amuse plus aussi librement. Il y règne un curieux mélange de dévotion et de dérèglement des mœurs. Peu à peu, la Cour se lasse.

Paris semble attirer de nouveau. Les financiers s'installent Place Vendôme. A la mort de Louis XIV, le 1er septembre 1715, Versailles se vide en un instant. Le Régent vivant à Paris, le phénomène s'amplifie. Philippe d'Orléans, faisant casser le testament royal, assume seul le pouvoir.

La Régence est une période charnière. Les mœurs y sont très relachées. Le Régent mène au Palais Royal, qu'il a fait agrandir et transformer par Oppenordt, une existence dépravée qui, à la longue, choque le peuple. Faisant appel à Law, il introduit un système financier fondé sur le crédit. L'argent arrive et stimule l'activité économique. Mais le manque de confiance en une monnaie fiduciaire, l'affo-

▲
*43.* Commode Tombeau, à la Régence, à quatre tiroirs séparés par des traverses. Profil de la façade galbé. Traverse inférieure découpée. Les poignées de tirage, les entrées de serrure, les chutes d'angle et les sabots en bronze, fortement sculptés, annoncent nettement la Rocaille.

*44.* Grand bureau plat en ébène incrusté de filets de cuivre.
Pieds galbés.
Angles renforcés et ornés d'espagnolettes en bronze.
Ceinture plate découpée en arbalète.
Trois tiroirs dans la ceinture avec poignées fixes en bronze.
Sabot de bronze à l'extrémité des pieds.

lement des prêteurs entraîne le système dans une faillite gigantesque. Des fortunes s'écroulent. D'autres se sont faites en quelques jours. La paroxysme semble être à son comble. L'époque tout entière vit cette démesure où les valeurs traditionnelles semblent être mises à mal.

L'époque se veut être celle des jouissances. Watteau peint les fêtes galantes et les petits soupers du Régent tournent à l'orgie. A la rigueur du Roi Soleil succède bientôt le plaisir, l'embarquement pour Cythère.

*45.* Fauteuil à dossier droit, au sommet cintré, sans bois apparent. Pieds galbés, réunis par une entretoise en X. Ceinture du siège en bois sculpté avec, en son centre, une coquille symétrique en faveur sous la Régence.

# Le style

Débordant largement les limites historiques de la Régence proprement dite (de 1715 à 1723), le style se manifeste près de quinze ans avant la fin du règne de Louis XIV. En 1690 déjà, la mort de Le Brun amène un premier changement. Le formulaire classique qu'il était parvenu à maintenir est quelque peu délaissé. Jules Hardouin Mansart, secondé par Robert de Cotte, prend une place de plus en plus déterminante. Le classicisme se fait plus aimable. Moins de majesté, plus de grâce. L'esthétique de «l'éternel solennel», comme la nommait Sainte-Beuve, a vécu.

La sévérité de la Cour en cette fin de règne incite les «grands» à la déserter. Ils se retrouvent dans des lieux plus confortables et plus chaleureux. Louis XIV lui-même recherche plus de fantaisie : «il faut qu'il y ait de l'enfance mêlée à tout ce que l'on fera» dit-il.

Au propre comme au figuré, le style Régence naît de cet assouplissement de la règle. Les formes s'incurvent, s'infléchissent. La courbe pénètre l'art du mobilier. Les façades des commodes se dessinent en arbalète, les pieds des fauteuils se galbent en pied de biches. On recherche désormais plus le confort, l'élégance, le bien-être que l'apparat ou le faste. Dès le début, le XVIIIe siècle porte déjà en germe les profonds bouleversements qui sanctionneront son destin. Enfreignant l'étiquette, la Duchesse du Maine reçoit sur un pied d'égalité «la naissance et le talent», on s'entiche de philosophie et d'intelligence. Faisant son chemin, l'intelligence balayera finalement la naissance pour ne retenir que le talent.

Le mobilier lui-même annonce très curieusement ce destin. Tout au long du siècle, il n'a cessé d'évoluer,

▲
*46.* Commode à trois tiroirs séparés par des traverses. La marqueterie en bois contrastés de la façade accentue le cloisonnement et la division des tiroirs. La façade très légèrement cintrée et sa distribution rappelle encore le règne précédent. Les chutes de bronze aux angles et les feuilles d'acanthe se terminant sur le pied sont Régence. Poignées de tirage mobiles.

◄
*47.* Bronze d'angle en chute d'une commode Tombeau.

▲
*49.* Coquille Saint-Jacques en bronze ornant la traverse inférieure découpée d'une commode.

◄
*48.* Figure d'espagnolette et chute de feuillage en bronze aux angles d'un bureau plat.

▲
*50.* Coquille Saint-Jacques sculptée, encadrée de feuilles d'acanthe. Sa symétrie est typique de la Régence.

*51.* Table-console en bois sculpté et doré. Les sculptures sont tourmentées mais encore massives. Pieds cambré en volutes inversées. Ceinture découpée ornée en son centre d'une coquille. Entretoise entre les pieds.
▼

▶
*52.* Commode à la Cressent en marqueterie à deux tiroirs séparés de traverses. Pieds élevés, cambrés, terminés par des sabots en griffe. Façade et côtés galbés. Traverse inférieure découpée, ornée d'un cul-de-lampe en bronze. Poignées de tirage mobiles. Entrée de serrure du tiroir supérieur en mascaron. Feuilles d'acanthe en chute aux angles.

vers plus de grâce et de raffinement, refoulant bien loin l'idée stricte de grandeur qu'il avait dans la période classique et dans le Versailles du Roi Soleil. En un certain sens, les meubles Régence sont les premiers meubles modernes, car délaissant leur rôle purement décoratif (et social), ils affichent déjà une volonté de fonctionnalisme, celle de confort et de maniabilité. Les changements ont pourtant été lents. Plus qu'un style, la «Régence» est plutôt une transition. Plus tout à fait Louis XIV mais pas encore Louis XV.

De dimensions plus réduites que les précédents, les meubles Régence sont néamoins plus importants que ceux du milieu du XVIII$^e$ siècle. Les éléments du décor sont là pour adoucir la ligne mais en suivent néanmoins le tracé. Des feuilles d'acanthe, des coquilles interprétées mais symétriques ornent les pieds ou le centre de la ceinture des sièges. On retrouve ces mêmes éléments sur les façades et aux angles des commodes. Le décor sculpté est en général riche, mais laisse apparent la structure un peu massive du meuble. La symétrie est encore de rigueur. En plus de la traditionnelle coquille et des feuilles d'acanthe et feuillages divers, on trouve déjà le goût des chinoiseries et des singeries qui s'affirmera également plus tard. Les masques, les têtes de femmes ou de faunes que l'on rencontrait sur les meubles Louis XIV se retrouvent encore avec le mobilier Régence. Souriants et aimables, ils n'ont pas la sévérité d'autrefois mais évoquent la joie. En revanche, les incrustations de métal et de pierres dures très en faveur auparavant (sous l'impulsion de Boulle en particulier) sont abandonnées au profit des marqueteries de bois. On utilise en général une seule essence de bois dont on tire des effets en jouant sur le sens des veines du bois. On obtient ainsi des motifs de losange, de frisage. Sur ces marqueteries sont fixés des bronzes richement sculptés qui, en plus de leur effet décoratif évident, assurent une bonne protection des endroits vulnérables du meuble et en renforcent la solidité. Des chutes en mascarons, en espagnolettes, en feuilles d'acanthe ornent les angles et en suivent le tracé droit ou déjà galbé. Les poignées, les entrées de serrures, les sabots et les culs de lampe sont les éléments de bronze les plus fréquemment rencontrés.

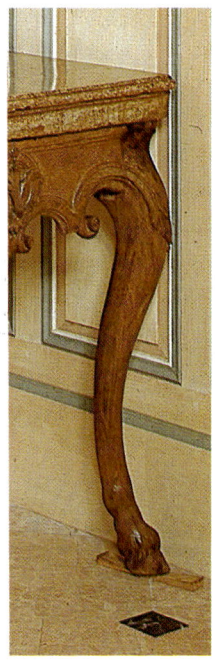

*53. Pied de biche, cambré, terminé par un sabot.*

*54. Table en bois sculpté à pieds cambrés en pieds de biche. Les pieds sont terminés par un sabot d'animal. La ceinture est plate, très mouvementée. Une coquille orne le centre de la façade. Plateau rectangulaire en marbre.*

# Les meubles

## Les sièges

### • *Les chaises*
— les pieds se galbent mais restent épais ;
— l'entretoise en X peut demeurer mais tend à disparaître ;
— dossiers plats, rectangulaires à encadrement de bois apparent ;
— hauts des dossiers cintrés, en accolade, aux épaulements accentués ;
— montants des dossiers verticaux, jamais violonés ;
— ceinture des sièges travaillée, sculptée, découpée, en arbalète mais non galbée ;
— sièges carrés ou en trapèze ;
— ceintures ornées en leur milieu d'une coquille symétrique ou d'un motif sculpté ;
— dossiers et sièges garnis d'étoffe ou cannés ;
— pieds terminés par un sabot de biche ou par un enroulement.

### • *Les Fauteuils*
— mêmes caractéristiques que pour les chaises ;
— accotoirs aux courbes souples, légèrement écartés ;
— apparition des manchettes ;
— supports d'accotoirs en console souple, dans le prolongement des pieds antérieurs ;
— dossiers plats «à la Reine» ;
— cadre des dossiers en général apparent, persistance des dossiers droits, surmontés d'un cintre, entièrement garnis, du Louis XIV.

## Tables et guéridons

— pieds cambrés en pied de biche ;
— pieds cambrés en console, décorés de feuilles d'acanthe ;
— ceintures mouvementées, sculptées en leur milieu d'une coquille ou d'un autre motif ;
— plateaux en marbre d'Alep ou en bois ;
— entretoises en X mouvementées ;
— disparition des entretoises dans les petits meubles.

55. Masque à visage souriant en bronze doré.

56. Motif de feuillage en bronze. Répartition symétrique typique de la Régence.

## Meubles à écrire

— apparition du bureau plat ;
— grand plateau rectangulaire ;
— ceintures comportant deux tiroirs latéraux avec décrochement central ;
— ceintures peu galbées ;
— pieds galbés, en pied de biche ou en console reliés à la ceinture ;
— espagnolettes de bronze en applique aux angles de la ceinture ;
— disparition du bureau Mazarin ;
— pas de secrétaire en armoire.

## Commodes

— persistance de la commode née sous Louis XIV ;
— façades rectangulaires à trois tiroirs séparés de traverses ;
— apparition de la commode Tombeau, dite à la Régence ;
— façades et côtés ventrus ;
— pieds courts galbés ;
— tiroirs séparés par des traverses ;
— deux tiroirs dans la ceinture ;
— deux tiroirs superposés en dessous ;
— angles garnis d'espagnolettes en bronze ;
— entrées de serrures et poignée fixes en bronze ;
— sabot de bronze aux extrémités des pieds ;
— naissance de la commode en arbalète (due à Cressent) ;
— pieds élevés en pied de biche ;
— deux rangées de tiroirs ;
— traverses inférieures en arbalète ;
— profil des façades avec un ressaut central ;
— plateaux de marbre griotte ou brèche d'Alep.

*57. Fauteuil à la reine à dossier à bois apparent. Pieds courbés sans entretoise. Ceinture sculptée d'une coquille Saint-Jacques sur fond de quadrillage. Décor de coquille au sommet des pieds.*

## Les matériaux

Si le bois doré n'est pas abandonné, le bois naturel revient en faveur. Le chêne, le hêtre, le noyer, le sapin, le peuplier, les bois fruitiers sont utilisés pour les meubles menuisés et sculptés. L'ébénisterie en revanche fait appel à des essences plus diverses collées en feuilles minces débitées à la scie sur un bâti de sapin ou de chêne. On préfère désormais les bois exotiques (bois de rose entre autres) aux marqueteries d'écaille, de cuivre et d'étain caractéristiques du règne précédent.

Les bronzes tiennent une place majeure. Le marbre est fréquemment mis à contribution pour les plateaux.

## Les créateurs

André-Charles Boulle et ses fils continuent de travailler sous la Régence. Ce sont avec Charles Cressent l'ébéniste et sculpteur, les deux noms les plus marquants de l'époque. Il faut y ajouter ceux de Mondron, Joubert, Gaudreaux.

**Principales caractéristiques du style Régence**

— apparition du galbe pour les pieds et les façades des commodes ;
— pieds de biche ;
— profils en arbalète ;
— espagnolettes en bronze aux angles de meubles ;
— têtes et masques souriants en ornementation ;
— coquilles Saint-Jacques symétriques sur les ceintures des meubles ou sur les dossiers des sièges ;
— agrafes en feuilles d'acanthe.

# Louis XV

## L'époque

Roi à cinq ans, Louis XV prend, en 1715, la succession d'un des règnes les plus marquants de l'histoire, celui de son arrière-grand-père, Louis XIV. La tâche est dure. Dès sa plus tendre enfance, il est soumis à la règle étroite et rigide d'une étiquette voulue par son aïeul et à une éducation minutieuse et contraignante qu'il ne supporte pas. Il apprend à cacher ses besoins et ses sentiments et prend en aversion son futur métier de Roi. Adulte, il fuira également ses obligations et avouera toujours sa préférence pour les réunions amicales et intimes des petits cercles.

Marié en 1725 à Marie Leszczynska, Louis XV prend alors effectivement le pouvoir et fait appel à son ancien précepteur, Fleury, qui gouverne sans relâche jusqu'à sa mort en 1743. C'est une période de calme, de paix et de prospérité économique.

Après avoir été abandonné par le Régent, Versailles est réinvesti ; la Cour et le Roi s'y réinstallent et y apportent plus d'entrain et de légèreté. On y aménage des petits appartements que l'on veut confortables, pratiques, élégants. Le faste et la majesté propres au siècle de Louis XIV semblent avoir vécu.

Galant et distingué, le XVIII° siècle subit l'emprise des femmes. Ce sont elles qui tiennent salon. Elles y reçoivent philosophes et écrivains. Montesquieu et Marivaux fréquentent le salon de Madame de Lambert et celui de Madame du Deffand ; Madame Geoffrin subventionne l'Encyclopédie et encourage les philosophes. C'est le Siècle des Lumières. Ce sont elles également qui influencent la Cour. Les maîtresses du Roi y déploient un luxe extraordi-

▲
*58.* Bergère en noyer mouluré et sculpté. Dossier cintré en cabriolet. Dossier et accotoirs sont d'un seul tenant. Sculptures de fleurettes à la ceinture, sur le haut du dossier et au sommet des pieds.

*59.* Chaise à la reine en hêtre peint. Siège et dossier garnis. Dossier violoné, mouluré et sculpté d'un décor floral. Pieds galbés et moulurés faisant une ligne sinueuse et continue du pied à la ceinture.

*60.* Chaise à la reine en noyer. Dossier et siège cannés. Le dossier est plat (à la reine), sa forme violonée est caractéristique. Pieds galbés dessinant une ligne sinueuse se continuant sur la ceinture. Petites fleurs sculptées au centre de la ceinture et au sommet du dossier. Palmettes sculptées sur le profil du pied, à la jonction du pied antérieur et de la ceinture.
▼

*61.* Bergère en bois doré.
Le dossier est plat, à la reine, sculpté de fleurettes.
Accotoirs garnis et enveloppants.
Pieds cambrés, ceinture en arbalète sculptée de fleurs.
Accotoirs en retraits garnis de manchettes.
▼

naire. Madame de Pompadour et, plus tard, Madame du Barry, engagent des dépenses folles qui stimulent incontestablement la création artistique et contribuent certainement à la renommée du mobilier français et à la diffusion de son goût. Cette féminité se ressent néanmoins dans le style et, peut-être, dans toute l'époque. Admirateur de Watteau, Nicolas Lancret peint encore des scènes galantes alors que Boucher, le peintre le plus admiré du règne de Louis XV, consacre son art à la glorification du corps féminin, un corps qui, désormais, échappe au classicisme pour une sensualité évidente. Boucher propose l'évasion, le plaisir et une sorte de volupté. Il semble être le plus fidèle reflet de son époque.

63. Fauteuil à la reine garni de tapisserie. Le dossier est plat et a quelque peu conservé son mouvement en accolade. Pieds galbés et moulurés. Ceinture décorée de fleurettes.

62. Entourée de quatre chaises garnies à dossier à la reine, table à jeu en bois massif sculpté. Ceinture mouvementée, pieds cambrés frêles, terminés par des sabots sculptés. Plateau légèrement débordant, carré, à pans coupés.

## Le style

Rarement un style n'aura mieux mérité son appellation. Louis XV en fut certainement le plus fidèle admirateur, même si, à la fin de sa vie, il sacrifia lui aussi quelque peu à la mode néo-classique. Galant, élégant, raffiné, le Roi est lui-même à l'image de son style. La fantaisie, l'exubérance parfois, le caractérisent. Il ne recherche ni la grandeur, ni la majesté, mais le charme. Comme son Roi, le style Louis XV est un style de séduction.

En réalité, le style Louis XV qui s'est manifesté pleinement de 1730 jusqu'à l'apparition du néo-classicisme, vers 1755-1760, n'est qu'un prolonge-

64. Fauteuil cabriolet en bois peint et réchampi. Le dossier cintré est une nouveauté du style. Dossier violoné, pieds cambrés, ceinture arrondie, accotoirs garnis de manchettes et reposant sur des supports sinueux simplement moulurés. Une ligne continue et ondoyante parcourt le meuble dans son ensemble. Très caractéristique du goût Louis XV pour les formes mouvementées.

65. Pied cambré, mouluré et terminé par un dé (bouchon). La mouluration est continue du pied sur la ceinture. Décor de fleurettes aux angles.

ment du style précédent, celui de la Régence. Comme sous la Régence, la courbe règne en maître dans l'art du mobilier : elle se fait mouvante. Comme dans toutes les manifestations du baroque, l'ordre et la stabilité des choses sont soigneusement dissimulées sous l'ornementation. Tout semble s'animer et bouger. La symétrie, vertu sacro-sainte du classicisme, est soudain battue en brèche. La Rocaille permet toutes les audaces, tous les excès. Les formes s'enroulent, se contournent, chantournent, la fantaisie est reine. Le décor s'impose à la forme.

La Rocaille qui tire sa source d'inspiration dans l'ornementation des grottes dont on aimait décorer les jardins sous la Renaissance prend de grandes libertés d'interprétation avec la nature qui lui sert de modèle. Si les feuillages, les coquillages, les roches servent de point de départ, ils sont audacieusement transposés en un tracé de courbes et de contre-courbes. Plus stylistiques que naturalistes,

66. Support d'accotoir sinueux, s'écartant vers l'extérieur. Se raccorde à la ceinture en retrait du pied antérieur.

67. Pied cambré, terminé en rouleau.

68. Accotoir légèrement écarté. En partie garni d'une manchette fixe.

69. Décor sculpté de fleurettes au milieu de la ceinture mouvementée d'un siège.

▲
*70.* Sommet du dossier de forme arrondie, à épaulement tombant. Décor sculpté de fleurettes au sommet et de feuillage sur les côtés.

*71.* Grand bureau plat hérité de la Régence. Tiroirs soulignés d'un encadrement d'amarante. Placage de bois de rose. Pieds galbés fins terminés par un sabot de bronze. Poignées en bronze aux motifs rocaille.
▼

ces éléments sont très imaginatifs et n'obéissent qu'à une loi purement décorative. Cartouches en coquilles, feuilles d'acanthe, feuillages divers, rinceaux aux lignes vigoureusement affirmées sont sculptés avec nervosité en formes déchiquetées aux contours imprécis.

La Rocaille n'est néanmoins pas la seule manifestation du décor Louis XV. La nature n'a, à cette époque, pas perdu ses droits. Elle forme même un des thèmes d'inspiration quasi permanent. Des fleurettes en agrafe garnissent le haut des dossiers de cabriolets et bergères ou s'inscrivent au sommet des pieds et ponctuent ainsi le passage du pied à la ceinture. Des guirlandes, des corbeilles, des bouquets divers sont traités en véritables tableaux de marqueterie au centre des meubles, sur les portes ou sur les côtés. Sans être traité au naturel, le tout reste néanmoins volontairement fidèle au modèle. Plus imaginatifs en revanche sont les nombreux dé-

*72.* Fleurettes au sommet d'un pied cambré.
▼

▲
73. Secrétaire à abattant à doucine. Marqueterie de cubes encadrés de bois de rose. Bronzes ciselés et dorés «rocaille». La marqueterie géométrique et l'encadrement à angles rentrés annoncent le style Louis XVI.

cors inspirés par l'Extrême-Orient toujours et encore en honneur au début du XVIIIe siècle. Lorsqu'on ne peut utiliser les panneaux de laques venus d'Asie (en particulier de Coromandel), on essaye de les imiter. (Les frères Martin mettent au point un vernis qui porte leur nom). Chinoiseries, turqueries, singeries fournissent des prétextes à des décors très inventifs où l'on perçoit surtout un goût pour l'exotisme et le dépaysement.

Volontairement très ornementés, les meubles Louis XV font preuve d'une richesse d'invention qui s'accompagne d'une grande qualité d'exécution. L'ensemble est à la fois gracieux, élégant et luxueux. Les bois les plus précieux sont utilisés en placage. Avec les bois de rose, bois de violette, amarante, acajou, on réalise de véritables tableaux de bois. C'est à cette époque que les ébénistes parisiens ont connu leur renommée la plus grande. Sur un bâti généralement de sapin ou de chêne, bâti traité grossièrement, les ébénistes appliquent un véritable revêtement de bois précieux. Utilisant les diverses ressources du sciage, selon qu'ils coupent le bois dans le sens des fibres (bois de fil), en travers (bois de bout) ou en diagonale (en semelle), les ébénistes obtiennent divers motifs qu'ils utilisent

▲
74. Secrétaire en pente ou dos d'âne en marqueterie de satiné et de bois de violette.

généralement pour le fond du marquetage. En losanges, en ailes de papillons, en éventails ou en compartiments, ces marquetages restent parfois tels quels (ils font alors appel à des encadrement de bois contrastés) mais sont le plus souvent eux-mêmes décorés de motifs divers qui viennent s'inscrire en leur sein.

Luxueux et précieux, le mobilier Louis XV ne se veut néanmoins pas majestueux. Le bois doré est moins en faveur et ne sert que pour les meubles de menuiserie : sièges ou consoles. Recherchant plus le raffinement et le confort que l'apparat, le mobilier lui-même change. Les petits meubles pratiques se multiplient et se diversifient. C'est l'époque où l'on crée également des pièces à usage spécifique. Les boudoirs, bibliothèques, salons, petits salons, salons de musique et, c'est la première fois, salle à manger, de dimensions souvent assez restreintes, composent désormais le plan de l'appartement. Des meubles, eux aussi de proportions plus modestes, doivent s'intégrer à cette nouvelle architecture. Secrétaires, poudreuses, secrétaires de dame à abattant, tables volantes, chiffonniers, tables de jeu, commodes, tables de chevet, encoignures se multiplient avec un raffinement et un sens du bien-être caractéristiques du siècle.

▶
75. Commode « à la Régence » en placage à deux grands tiroirs séparés de traverses et surmontés d'un rang de trois tiroirs. Base découpée en accolade, pieds bas. Poignées fixes, entrées de serrures, chutes d'angles, sabots des pieds antérieurs et motif en cul-de-lampe en bronze ciselé «rocaille». La production des commodes tombeaux n'a pas cessé sous Louis XV.

77. Commode à deux tiroirs séparés par une traverse.
Façade et côtés galbés.
Pieds cambrés élevés.
Commode en vernis à l'imitation de la laque.
Décor de chinoiserie.
Les deux tiroirs ont un décor propre.

76. Commode ouvrant à deux tiroirs sans traverse, façade et côtés galbés. Pieds élevés. Marqueterie en croisillons ornés de fleurons aux angles. Plateau en marbre mouvementé.

# Les meubles

## Les sièges

### • *Les Chaises*

— travail de menuiserie, en bois massif (hêtre, noyer, tilleul), ciré, souvent peint et réchampi, plus rarement doré ;
— dossiers plats dits à la Reine ;
— dossiers cintrés en cabriolet ;
— dossiers garnis à bois apparents ;
— dossiers assez courts, s'arrêtant à la hauteur des épaules ;
— dossiers de forme violonée ;
— sommet des dossiers arrondi, en arbalète, à double échancrure, souvent sculpté de fleurettes ou d'une coquille ;
— pieds galbés avec une cambrure plus souple que sous la Régence ;
— mouluration se poursuivant sans interruption du pied à la ceinture ;
— raccordement des pieds et de la ceinture souvent orné de fleurs ou fleurettes ;
— ceintures du siège ondulées et chantournées souvent ornées d'une sculpture de fleurettes ou coquilles en leur centre ;
— pieds terminés par un enroulement (extérieur ou intérieur) reposant sur un dé (dit aussi bouchon) vertical ;
— sièges garnis, cannés ou paillés.

### • *Les Fauteuils*

— mêmes caractéristiques que pour les chaises ;
— accotoirs garnis de manchettes ;
— accotoirs de structure courbe, se reliant en souplesse au dossier ;
— supports d'accotoirs galbés se raccordant à la

*78.* Commode Louis XV à deux tiroirs sans traverse à marqueterie de fleurs dans un encadrement de bois de violette souligné de bronzes. Face et côtés galbés, profil en arbalète. Pieds cambrés élevés. Le motif de marqueterie se poursuit en façade sans tenir compte de la division des tiroirs.

ceinture du siège toujours en arrière des pieds antérieurs ;
— pieds cambrés souvent assez élevés ;
— divers types de fauteuils aux dossiers plats (dits à la Reine destinés à s'appuyer au mur) ou aux dossiers cintrés (dits cabriolets) faits pour être déplacés au centre de la pièce, appelés aussi fauteuils volants ;
— bergères quand les côtés sont garnis ;
— duchesse lorsque le siège est assez long pour s'y étendre.
— fauteuils de cabinet, au dossier en gondole, bas, avec le pied antérieur souvent au milieu de la ceinture.

### Tables et guéridons

— la table à manger n'existe pas encore et se réduit en un plateau posé sur des tréteaux ;
— multiplication des petites tables luxueusement marquetées ;
— pieds élevés et grêles, galbés, terminés par des sabots en bronze ;
— façades et côtés marquetés. Angles et pieds soulignés de bronzes.
— plateaux carrés, rectangulaires, ronds ou ovales, souvent ondulés, toujours débordants ;
— ceintures découpées en accolades, finement marquetées ;
— tables à jeu, triangulaire ou carrée, parfois marquetées d'un damier, recouvertes d'un drap ;
— tables chiffonnières, à deux ou trois tiroirs ;
— tables «tambours» rondes, à pieds cambrés, avec une très large ceinture dissimulant portes ou tiroirs ;
— tables de chevet, avec un tiroir sous la ceinture et une petite armoire à double vantail ou à caisson ouvert ;

*80.* Sabot de bronze terminant le pied.

— table servante, au plateau de marbre muni de deux cavités pour les bouteilles ;
— coiffeuse ou poudreuse, avec un miroir sous le revers du plateau.

### Meubles à écrire : bureaux et secrétaires

— bureaux plats à plateaux recouverts de cuir. Plateaux largement débordants. Pieds cambrés, hauts. Tiroirs dans la ceinture ;
— bureaux de dame à pente ou «dos d'âne» à pieds élancés et cambrés. Façades découpées, côtés galbés ;
— bureaux à cylindre, de dimensions plus imposantes que les bureaux à dos d'âne. Structure identique. Abattant en bois cintré. Rare sous Louis XV ;
— secrétaires hauts à abattant. Pieds courts et trapus, galbés. Soubassement fermé par deux portes. Partie supérieure fermée par un abattant servant, une fois ouvert, de table à écrire. Intérieur équipé de tiroirs et tablettes. Un plateau de marbre repose sur une ceinture galbée et rétrécie. Nombreuses marqueteries encadrées soulignant les différentes parties du meuble. Bronzes aux angles, poignées et entrées de serrures.

### Les commodes

— persistance des commodes tombeaux à la Régence ;
— apparition de la commode à pieds élevés, deux tiroirs, pieds galbés et effilés. Les traverses entre les tiroirs peuvent disparaître. La traverse inférieure ou le tiroir du bas lui-même a une forme mouvementée avec un important décrochement central ;
— tabliers souvent ornés d'un bronze en applique ;
— façades et côtés généralement ventrus ;

*79.* Petite table chiffonnière à plateau ouvrant et tiroirs latéraux. Plateau au profil chantourné et légèrement en cuvette, orné d'une marqueterie avec un vase de fleurs. La ceinture découpée en accolade est plaquée de bois de rose dans un encadrement d'amarante. Pieds cambrés hauts et grêles. Angles des pieds et sabot en bronze. Petite tablette d'entrejambe.

*81.* Table coiffeuse aux formes mouvementées et au galbe très accentué. Le plateau s'ouvre en trois parties. Pieds galbés terminés par des sabots de bronze. Tiroirs latéraux marquetés de bois de rose dans un encadrement d'amarante. Des bouquets de fleurs polychromes en marqueterie complètent le décor.

— façades ornées de marqueterie ou de laque de Chine ;
— plateaux généralement en marbre, légèrement débordants ;
— bronze rocaille aux angles, aux entrées de serrure. Poignées de tirage fixes.
— la commode est parfois associée à des meubles d'angle, ou encoignures, construits selon les mêmes données ;
— apparition des semainiers ou chiffonniers aux nombreux tiroirs superposés.

## Les matériaux

Le hêtre, le noyer, le tilleul, le poirier et le merisier sont les bois les plus fréquemment utilisés par les menuisiers pour la fabrication des sièges, consoles, lits, meubles d'appui, souvent destinés à être peints. Les ébénistes, en revanche, utilisent des bâtis de sapin, parfois de chêne, sur lesquels sont collés des bois exotiques, à la polychromie souvent très affirmée. Bois de rose, bois de violette, acajou, palissandre, amarante sont les essences les plus répandues parmi la centaine en usage à l'époque.
Les laques de Chine ou les vernis Martin sont en faveur. A ces matériaux, il faut ajouter le marbre des plateaux, les bronzes et, parfois, l'apport d'une plaque de porcelaine tendre.

## Les créateurs

Jean-Baptiste Gourdin, Nicolas Heurtaux, Lebas, Pothier, Nadal, Pluvinet, les Foliot, Claude Séné, Jean-Baptiste Tilliard, Delanois, comptent parmi les menuisiers les plus représentatifs de l'époque.
Si parmi les ébénistes, Cressent poursuit une carrière commencée avec la Régence, de nouveaux noms apparaissent : Dubois, Garnier, Nicolas Petit ; Adrien Delorme. Il faut également noter les nombreux ébénistes étrangers installés en France, parmi lesquels les plus célèbres noms du siècle : Oëben, B.V.R.B. (Bernard Van Risen Burgh), Lacroix (Roger Vandercruse), Kemp, Baumbauer.

### Principales caractéristiques du style Louis XV

— les courbes et les galbes ;
— les pieds galbés ;
— traverses inférieures découpées en arbalète ;
— les feuilles d'acanthe ;
— les coquilles asymétriques en agrafe ;
— les marqueteries en éventail, en ailes de papillon ;
— l'utilisation des laques à décor de chinoiseries.

# *La transition*    Entre le Louis XV et le Louis XVI :

L'histoire du meuble et des styles se lit souvent en continuité. Parfois, l'évolution se fait, au contraire, en terme de rupture. Entre le Louis XV aux formes souples, sinueuses et mouvementées, parfois à la limite de l'équilibre et tendant toujours à effacer les structures du mobilier pour lui donner grâce et mouvement, et le Louis XVI, rigide et stable, il y a, c'est évident, une rupture, une réaction.

Les choses ne se sont néanmoins pas passées aussi brutalement. Si, très vite, les formes souples ont été démodées, elles n'ont pas déserté pour autant les meubles immédiatement. Aussi trouve-t-on sur de nombreux meubles des caractères propres aux deux styles réunis. Ce peut-être un décor d'inspiration Louis XVI sur un meuble aux formes encore Louis XV. Ce peut-être aussi des sièges ou des pieds cambrés s'associant avec un dossier Louis XVI. Ce peut-être enfin, le cas est fréquent, une commode à la façade plate, avec un simple ressaut central, monté sur des pieds encore galbés.

Ces meubles transition ont sans doute été fabriqués entre les deux styles, à une époque charnière, ni tout à fait avant, ni tout à fait après. Ce n'est néanmoins pas obligatoire. Il paraît en effet certain que les pieds cambrés par exemple ont longtemps eu la faveur du public et se sont ainsi retrouvés, tard dans le siècle, sur des meubles Louis XVI.

▲
*82.* Commode Transition à deux grands tiroirs sans traverse surmontés d'un troisième tiroir moins épais dans la ceinture. La façade est en placage marqueté en papillon. La forme générale est Louis XVI : façade plate avec un ressaut central. Encadrement et bronzes typiquement Louis XVI. Pieds Louis XV.

◀

*83.* Fauteuil cabriolet
à dossier en médaillon ovale typiquement Louis XVI.
Accotoirs et supports d'accotoirs sinueux,
pieds cambrés et ceinture mouvementée
sont, quant à eux, typiques du Louis XV.

*85.* Secrétaire en pente
de formes encore Louis XV quoique moins mouvementées.
Décor géométrique en cubes
souligné d'un encadrement à angles rentrés.
D'esprit Louis XVI.
▼

◀

*84.* Fauteuil à la reine Transition.
La forme générale est encore Louis XV.
La ceinture est déjà Louis XVI
avec le dé de raccordement orné d'une rosace
et la grecque courant le long de la ceinture.

# Louis XVI

86. Secrétaire haut à abattant et deux vantaux.
Marqueterie en bouquets de fleurs
et en trophées de musique sous une draperie.
Petit tiroir dans la ceinture.
Angles à pans coupés.
Pieds dans le prolongement des montants.
▼

## L'époque

Homme indécis, roi à vingt ans, Louis XVI en régnant prend, en 1774, la dure succession de Louis XV, son grand-père. Les mœurs relâchés que l'ancien souverain affichait avec ses nombreuses maîtresses, choquent profondément le jeune roi. Très attaché aux valeurs les plus traditionnelles de la morale, homme pieux, Louis XVI que rebute tout changement, se méfie aussi des philosophes qui, par leur pensée et leur cosmopolisme, dominent le siècle. Vingt ans plus tard, la Révolution se réclamera de leurs idées.

En dépit d'une honnêteté certaine, son règne est maladroit. N'accordant réellement sa confiance à personne, il se défie des conseils de ses ministres qu'il n'a pas la constance de conserver longtemps. Des guerres, une Cour avide de luxe et follement dispendieuse, mettent les finances de l'Etat à mal. La France, pays riche dont l'influence en Europe est certaine, perçoit la faiblesse de son pouvoir. Les idées bougent. Les philosophes imprègnent profondément le siècle, et remettent ouvertement en cause l'idée d'un pouvoir central de Droit Divin. En cette fin de siècle, si la Cour exerce toujours une influence considérable, le centralisme du pouvoir tend à être battu en brèche. Parallèlement, on redécouvre le goût de la nature, de la vie à la campagne. Rousseau ou Bernardin de Saint-Pierre en cultivent avec bonheur les délices. Les promeneurs solitaires rêvent et la Reine joue à la bergère dans une ferme d'opérette, le hameau, qu'elle s'est fait construire dans le Parc de Versailles. L'époque est à la légèreté, à la fantaisie, à la grâce. Fragonard, tout au début du règne, est au faîte de sa gloire. Pourtant, les choses évoluent également. Alors que son succès décroît, apparaissent des peintres sensibles à un

*88.* Meuble d'appui rectangulaire à pans coupés. Ouverture à deux vantaux encadrés d'une baguette de bronze et décorés de marqueterie d'instruments de musique. Soubassement en plinthe au profil mouvementé.

*87.* Motif sculpté en ruban.
▼

Romantisme naissant et à un nouveau classicisme qui trouve son inspiration dans la Rome Antique. Hubert Robert cultive avec brio le goût des ruines et Greuze abandonne pour un temps ses scènes moralisatrices, pour une peinture d'histoire qui se souvient de Poussin. Prise par la fièvre néo-classique, l'architecture abandonne les effervescences du baroque et en revient à plus d'équilibre et de mesure. Dix ans avant l'avènement de Louis XVI, Jacques Ange Gabriel construit le Petit Trianon. Elégant et léger, le bâtiment fait plus penser à l'architecture grecque, dont il reprend les proportions caractéristiques, qu'à la grandeur Romaine. Au milieu du règne, en 1781, le Pavillon du Belvédère, toujours à Versailles, avec ses frontons triangulaires, annonce déjà le Directoire.

Sourde aux secousses qui s'annoncent, l'époque se veut insouciante et légère. La reine donne le ton et stimule, par des dépenses considérables, un artisanat au sommet de la perfection et dont le prestige rayonne sur l'Europe entière.

# Le style

Né d'une réaction très vive contre les excès de la Rocaille qui, au milieu du XVIIIe siècle, s'était généralisée, le style Louis XVI apparaît bien avant le règne du monarque qui lui donna son nom. Dès le milieu du siècle, on perçoit des changements qui annoncent le nouveau style. En 1748, la découverte des ruines de Pompéï fascine l'Europe. Quelques années plus tard, Caylus fait paraître un recueil des «Antiquités égyptiennes, étrusques, grecques et gauloises». On redécouvre les vertus de la symétrie et des formes rectilignes. L'art décoratif s'assagit. En 1754, Cochin demande aux ornemanistes un «retour aux règles simples». L'exubérance n'est plus de mise. L'architecture évolue également vers le néo-classicisme.

Avec les fouilles de Pompéï, les anciens n'apparaissent plus comme ces héros hiératiques auxquels le classicisme avait habitué, mais plutôt comme des êtres dont on aurait tout à coup saisi l'intimité. En regardant de nouveau les antiques, on ne cherche plus la grandeur, mais l'équilibre. On est sensible à la grâce qui caractérise l'art grec. La mode s'en mêlant, le «goût à la grecque» est bientôt au centre de toutes les conversations. Le style Louis XVI est né.

S'opposant aux sinuosités du baroque, ce style prêche la rigueur, l'orthogonalité. Les structures des meubles ne sont plus dissimulées sous des courbes qui s'y greffent, mais sont au contraire mises en valeur, soulignées, et commandent le dessin même du mobilier. On aime les formes droites et l'on se méfie des courbes qui ont trop marqué le style précédent.

▲
89. Chaise à dossier à la Reine en chapeau.

90. Chaise à dossier en montgolfière, siège en fer à cheval.
▼

◄
91. Dossier en lyre.

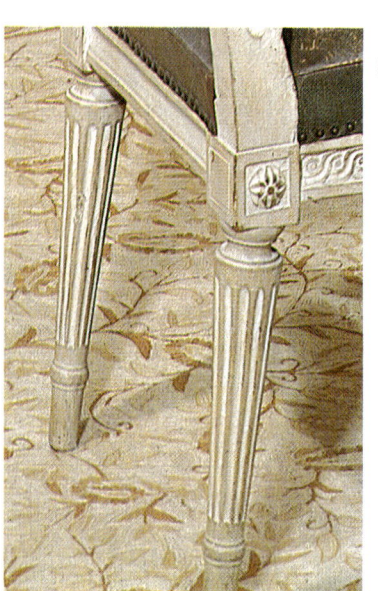

◄
92. Pieds arrière inclinés.

93. Pied cannelé.

Pourtant la mode ne se crée pas en un jour. Un mobilier dit Transition allie des formes à la fois héritées du Louis XV et conformes au nouvel esprit Louis XVI. On fabrique alors des cabriolets où se côtoient des dossiers ovales et des pieds galbés, et des commodes à la façade droite à décrochement central, et aux pieds nettement Louis XV. Les pieds chantournés ont d'ailleurs été conservés assez tard dans l'époque.

Le style Louis XVI proprement dit se caractérise par des traits dominants parfois contradictoires. Le goût retrouvé pour l'Antiquité amène, nous l'avons dit, à un retour vers des meubles structurés, rectilignes, aux formes volontiers sobres et nettement dessinés. Rectangles, carrés, ovales sont nettement visibles dans la structure générale du meuble. On emprunte à l'architecture des formes types, en particulier les cannelures des pieds qui évoquent les colonnes des péristyles. Ce retour à l'antique ne se veut néanmoins pas plagiaire. On s'inspire mais on ne cherche pas à copier. La société dominante est d'ailleurs trop frivole, trop éprise de fantaisie pour susciter une rigueur réelle. En ce sens, apparaît un autre trait dominant du Louis XVI. C'est un style qui se veut avant tout élégant, gracieux, voire gracile. L'influence de Marie-Antoinette a été d'ailleurs déterminante. C'est elle qui a donné sa véritable impulsion au style. C'est vraisemblablement elle qui lui a imprimé une certaine féminité. On aime les pastorales en cette deuxième moitié du XVIIIe siècle. La nature est omniprésente sur le mobilier. Guirlandes de fleurs, rubans enserrant des bouquets, gerbes dans des corbeilles, figurent fréquemment en ornement du mobilier. De véritables décorations florales sont réalisées en marqueterie sur les surfaces planes des meubles d'ébénisterie.

94. Pied cannelé rudenté.

95. Dé de raccordement sculpté d'une rosace.

▲

96. Encoignure (d'une paire) à façade plate à pans coupés. Porte encadrée d'une baguette de bronze à angles rentrants avec rosace.

97. Bureau plat à pieds en gaine cannelés et rudentés. Bronzes d'angle en draperie. Plateau ceinturé de bronze.

▼

Entre ces deux pôles, celui d'une certaine rigueur où les éléments géométriques sont également utilisés en tant que motifs purement décoratifs et l'autre, plus bucolique, voué à une nature frivole et pimpante, le style Louis XVI oscille avec légèreté. Car, ce style luxueux reste finalement un style fragile, fait de grâce et d'élégance, un style fait pour le plaisir.

Cette idée du bien-être, du confort est d'ailleurs caractéristique de l'époque. On recherche avant

98. Bureau à cylindre surmonté d'un gradin à deux tiroirs. Grand tiroir dans la ceinture. Filet de marqueterie soulignant la structure du meuble. Sur le cylindre, marqueterie en trophée de musique. A côté, chaise en bois peint, dossier cabriolet en écusson.

▼

▲
*99.* Galerie ajourée en bronze, cernant le plateau d'une table volante.

▲
*100.* Côté arrondi d'une commode demi-lune. Marqueterie de fleurettes sur fond de losanges.

tout l'aise et l'étiquette semble pesante. Les pièces devenues plus petites sont désormais à la dimension de l'intimité. Les meubles suivent le même processus. Il ne s'agit plus d'imposer sa grandeur mais de séduire. Conçu pour plaire et pour rendre service, le mobilier Louis XVI, qui n'est plus un mobilier d'apparat, s'entoure d'un luxe inouï pour rendre de menus services. Les petits meubles se multiplient, on les déplace aisément. Ce sont des meubles d'agrément. Faite d'équilibre, de grâce et d'invention, cette notion d'agrément paraît être la plus caractéristique du style.

*101.* Bonheur du jour surmonté d'un gradin à vantaux coulissants. Plateau entouré d'une galerie à entrelacs. Bronzes d'angle en draperie.
▼

*102.* Petit bureau de dame marqueté de feuilles de chêne dans un réseau de carrés sur la pointe.
▼

*103.* Support d'accotoir courbé reliant l'accotoir à la ceinture à l'applomb des pieds antérieurs.

*104.* Pied cannelé en spirale.

*105.* Fauteuil cabriolet à dossier en médaillon.

*106.* Bergère à dossier à la Reine rectangulaire.

*107.* Dossier en anse de panier. ▶

◀ *108.* Panneau marqueté d'un bouquet de fleurs.

*109.* Support d'accotoir en balustre. ▶

◀ *110.* Dossier cabriolet en chapeau.

*111. Commode à deux tiroirs sans traverse et trois petits tiroirs dans la frise. Léger ressaut central. Placage en ailes de papillon. Angles arrondis en colonnettes. Bronze de protection aux angles. Poignées mobiles en anneaux de feuillage. Plateau en marbre.*
▼

# Les meubles

## Les sièges

● *Les Chaises*

— structures très apparentes, en bois sculpté ;
— jonctions des divers éléments soulignées par un dé de raccordement souvent sculpté d'une fleurette ;
— pieds avant droits en colonne amincie vers le bas :
— cannelée, rudentée, en spirale ;
— pieds arrière légèrement inclinés, parfois en sabre, traités comme les pieds antérieurs ;
— dossiers plats, dits à la Reine ;
— dossiers cintrés, en cabriolet ;
— diversité des formes de ces dossiers des deux types :
— rectangulaires ou carrés ;
— en anse de panier ;
— en chapeaux ;
— en écussons, souvent encadrés de colonnettes ;
— en médaillons ronds ou ovales ;
— découpés en lyre, en gerbe, en montgolfière.
— le bois de la structure du siège est mouluré et souvent sculpté de motifs de perles, de rubans, de piastres enfilées, de grecques, de nœuds.

● *Les Fauteuils*

— même structure que pour les chaises ;
— divers types de fauteuils :
— à la Reine avec dossiers plats ;
— en cabriolet aux dossiers cintrés ;
— bergère, à côtés garnis, parfois en gondole ;
— bergère à oreilles quand le dossier possède des joues ;
— marquise ou canapé-confident, d'une taille intermédiaire entre le fauteuil et le canapé ;
— duchesses et duchesses brisées (à tabouret séparé), chaises longues lorsqu'on peut y étendre les pieds.
— accotoirs en retrait raccordés au dossier par une courbe plus ou moins prononcée ;
— accotoirs terminés en avant par une volute simple ;
— supports d'accotoirs en console incurvée, rejoignant la ceinture à l'aplomb des pieds antérieurs (plus répandus à la fin du règne) ;

*112.* Secrétaire haut à abattant et deux vantaux, plus un tiroir dans la ceinture. Angles à pans coupés soulignés d'une marqueterie imitant les cannelures. Sur la façade, marqueterie à motifs géométriques reprenant la structure des divers éléments.

— supports d'accotoirs droits en balustres cannelés, unis, en spirales.

## Tables et guéridons
— parfois meubles de menuiserie (tables à manger), la plupart du temps meubles d'ébénisterie ;
— diversité extrême des formes et des usages ;
— plateaux de marbre ou de bois épousant la forme de la ceinture, droite, sans festons, galbes, ni chantournements ;
— ceintures décorées de rosaces, d'entrelacs, de cannelures, de marqueterie, ou soulignées de filets de cuivre ;
— pieds droits, à section carrée, s'amincissant vers le bas, ronds cannelés, rudentés ou en spirale ;
— plateaux circulaires, rectangulaires, en rognons ;
— angles du plateau parfois traités en pans coupés ou en ressaut.

## Bureaux et secrétaires
— bureaux plats : plateau rectangulaire, tiroirs en ceinture, pieds en gaine ou en carquois munis d'un sabot ;
— bureaux à cylindre, de grande taille, surmontés d'un plateau de marbre entouré d'une petite galerie de cuivre, pieds droits en gaine ou en carquois ;
— bonheurs du jour, petites tables surmontées d'une vitrine posée en retrait ; lignes droites, format rectangulaire, pieds droits reliés parfois par une tablette d'entre-jambe ;
— secrétaires dos d'âne avec abattant dont la partie basse est munie de tiroirs ou de vantaux, portant souvent un tiroir dans la corniche. Structure droite, pieds courts, ornementation en marqueterie sur la façade.

## Commodes
— importance de la structure rectangulaire ;
— plusieurs types de commodes :
— à deux ou trois tiroirs, sur des pieds plus courts ;
— en demi-lune avec des côtés arrondis ;

*113. Commode plate à trois tiroirs séparés de traverses. Marqueterie d'amarante sur bois de rose. Pieds courts en gaine.*

— façades souvent divisées en trois parties soulignées de filets de marqueterie ;
— façades parfois agrémentées d'un ressaut central, persistance du mobilier dit Transition.
— pieds droits, en gaine, en cylindre fuselé, cannelés ;
— pieds courts en toupie à la fin du style ;
— plateaux en marbre, légèrement débordants, en doucine ;
— angles adoucis par un léger arrondi, un pan coupé ou un ressaut prolongeant les montants et les pieds antérieurs ;
— bronzes d'angle en tombée de feuillage, en drapé ;
— façades soulignées de bronzes ou de marqueteries et décorées :
— de losanges fleuris ;
— de bouquets de fleurs ;
— de trophées de musique ;
— de fleurs en corbeille ;
— d'encadrements contrastés ;
— de cubes en perspective.
— poignées mobiles :
— en forme d'anneaux de feuillage, en bronze ciselé ;
— rectangulaires, en cuivre.
— entrée de serrure en applique de bronze à motifs de nœuds et rubans.

## Les matériaux

Les meubles de menuiserie sont réalisés en hêtre quand ils doivent être peints, en noyer s'ils doivent être dorés. Le noyer peut être aussi conservé simplement ciré. Les bois fruitiers sont également utilisés.

Les meubles d'ébénisterie, sur des bâtis de sapin ou de chêne, sont plaqués des essences les plus diverses, plus de quarante d'après Roubo, dont les plus fréquentes sont le bois de rose pour les fonds, l'amarante, et bois de violette et surtout l'acajou dont la vogue commence à la fin du XVIII$^e$ siècle. Les bronzes sont utilisés pour renforcer les points faibles du meuble (angles vifs) pour décorer et souligner les structures.

Marbres, porcelaine et, plus rarement laque, sont des matériaux habituels avec les meubles Louis XVI.

## Les créateurs

Georges Jacob, J.B. Séné, Tilliard, Gourdin, Dupain, Lelarge, Delanois, Demay sont les menuisiers les plus célèbres de l'époque de Louis XVI. Riesener, Leleu, Carlin, Topino, Weiswelier, Avril, Levasseur, Beneman, B.V.R.B., Roentgen, Canabas, Lacroix, Joubert, comptent parmi les grands ébénistes du temps.

**Principales caractéristiques du style Louis XVI**

— meubles rectangulaires, façades et côtés plats ;
— pieds cannelés et droits ;
— dés de raccordement ornés d'une fleurette ;
— sculptures sur bois ou en bronze ciselé en postes, perles, piastres enfilées ;
— nœuds de ruban ;
— marqueterie de bouquets ou gerbes de fleurs ;
— galeries de bronze ou de cuivre à la ceinture des meubles ;
— bronze d'angle en drapé à l'antique ;
— pommes de pin.

# Le Directoire

*114.* Guéridon dans le goût de la production de Weisweiler. Plateau orné de plaques de porcelaine. Tablette d'entrejambe triangulaire incurvée surmontée d'un plateau. Trois paires de pieds en bronze.

## L'époque

L'époque est troublée et passe du paroxysme de la Terreur à un certain apaisement avec le Directoire. Des idées ont été échangées et les idées ont changé. Depuis le début de la Révolution, la France a liquidé ses dernières attaches féodales. La société s'est restructurée : la bourgeoisie accède peu à peu au pouvoir. Longtemps après l'Angleterre, mais en même temps que les Etats-Unis, la France se dote d'un régime pré-capitaliste et aspire au libéralisme.

Le changement ne s'est, certes pas, passé sans douleur. Il y a eu des moments de prestige, d'autres qui sont restés dans la légende, d'autres enfin, que l'on s'empresse d'oublier, une fois la page tournée, lorsque la Convention est dissoute, le 26 octobre 1795. Suit alors une période de soulagement : la Réaction Thermidorienne. Les mœurs se relâchent. Incroyables et Merveilleuses défrayent la chronique. Après un temps où la vie semblait peu de chose, on redécouvre le plaisir de vivre.

Les choses ne vont pourtant pas pour le mieux. En six années de révolution, l'économie de la France s'est dégradée. Une inflation persistante a «épuisé» deux monnaies : les assignats que le Directoire supprime en 1796 et les «Mandats Territoriaux» mis en place par le nouveau régime qui s'effondrent à leur tour en 97. S'ensuit une période de déflation dont la masse paysanne fait les frais. La fortune, comme la vie, est fragile à cette époque. Se faisant et se défaisant, elle amène à la «consommation» de nouveaux enrichis, des parvenus qui entendent vivre vite et avec éclat. Si le Directoire ne bâtit pas, il aménage. Avec prodigalité, mais trop rapidement pour prendre le temps du luxe. L'élaboration politique d'une France qui se cherche semble monopoliser

*115.* Secrétaire à abattant en acajou. Montants décorés de pilastres plats rehaussés de bronze. Entrées de serrure et bronzes décoratifs en chimère. Pieds en griffe. Encore Directoire, annonce l'Empire.

*117.* Bureau plat en acajou
avec un décrochement central pour les jambes.
Pieds en gaine.
Plateau débordant gainé de cuir
complété par des tablettes coulissantes.
Sous le bureau, coffre anglais.

toutes les formes de pensée. La science piétine, l'industrie aussi et les encouragements des expositions industrielles sont très ponctuels. Art et littérature sont soumis au même régime ; le siècle des Lumières s'achève d'une façon très empirique. Il faut attendre la mise en place du Consulat et la prise du pouvoir par Bonaparte pour que, ce qui sera l'ossature de la société du XIXe siècle (et même du XXe siècle) s'élabore : c'est alors que se codifient les grands corps de l'Etat et le centralisme encore en vigueur. Dès cette époque, la France vit en préfiguration une épopée qui marquera profondément son histoire : l'Empire.

## Le style

Si le Directoire proprement dit, en terme politique, n'a duré que quatre ans, de 1795 à 1799, le style Directoire, lui, s'est manifesté sur presque vingt ans, de 1785 environ jusqu'aux premières années de l'Empire.

Relativement hybride, ce style rappelle encore, par certains côtés, le Louis XVI, alors que par d'autres, il annonce déjà l'Empire. Style charnière, il est néanmoins bien le prolongement d'un courant qui s'est manifesté dès le milieu du XVIIIe siècle, qui durera une partie du XIXe, et concernera l'Europe entière. Le néo-classicisme est le trait dominant en cette fin du XVIIIe siècle. Le retour aux formes de l'Antiquité ne touche pas seulement l'art du mobilier, mais également la peinture, l'architecture, la sculpture. En 1785, David expose à Rome, son «Serment des Horaces». C'est la révélation. De retour à Paris, il milite passionnément avec les révolutionnaires. Son style s'impose, il deviendra, sous l'Empire, premier peintre de l'Empereur. L'originalité de David ne réside pas dans le choix de ses sujets qu'il tire de l'actualité ou de l'Antiquité, mais dans la manière qu'il a de considérer la statuaire gréco-romaine et de la réutiliser dans la mise en scène de ses personnages. De même, l'architecture de l'époque pose un regard identique sur l'Antiquité. Les arts décoratifs n'échappent pas au phénomène. Très formaliste, le mouvement, en prenant exemple sur l'Antique, fait un choix quasi idéologique quant aux notions d'ordre, de beau et de vrai.

*116.* Méridienne en acajou
à chevets inégaux renversés en crosse. Pieds en sabre.
Poignée en balustre sur l'un des chevets.

*118.* Guéridon à plateau circulaire en marbre bordé d'une galerie en cuivre. Trois paires de pieds surmontées d'une pomme de pin sculptée reposent sur un socle triangulaire incurvé garni de bronze.

*119.* Commode à l'anglaise à deux vantaux. Façade nue, simplement soulignée d'encadrement en filet de métal. Un losange central rythme la façade en trois parties inégales. Pieds courts en toupie.
▼

En ce sens, le style Directoire répond bien plus que le Louis XVI, à l'idéal néo-classique. Plus n'est besoin de tempérer les références à l'Antiquité par une légèreté et une fantaisie bien caractéristique du style Louis XVI. Non, le Directoire est, au contraire, servile quant à son modèle et recherche plus la vérité que l'agrément. On se souvient de David qui, commandant un salon à l'étrusque à Jacob dès 1784, désirait que des gens romains venus de leur lointain passé ne s'y sentent pas dépaysés.

Empreint d'une certaine austérité, (déjà décelable à la fin du règne de Louis XVI), le style Directoire aime les lignes sobres, les meubles dépouillés. Les marqueteries sont abandonnées. On les remplace parfois par des incrustations de bronze, de cuivre ou de bois clairs, ou par des motifs sculptés dans la masse. L'acajou, que l'on avait déjà introduit sous Louis XVI (Georges Jacob réalise dans ce bois de nombreux meubles) continue à être très en faveur. Il est parfois remplacé par du hêtre teinté.

Deux tendances que, pour schématiser, on juge successives, orientent le Directoire. Dans une première période, l'exemple semble venir de la Rome Antique. Les fouilles d'Herculanum se poursuivant, on produit des meubles dont on trouve le modèle sur les fresques, poteries, mosaïques mises au jour. Les fauteuils deviennent curule, les pieds sont en sabre, les sièges sont à l'étrusque.

Plus tard, l'Egypte prend le relais comme source d'inspiration. Dit «Retour d'Egypte», ce style n'entend pas copier, mais fait appel à des motifs ornementaux qui rappellent l'Egypte. Les campagnes de Napoléon contribuent peut-être à la popularité de cette mode. Sphinges ailées, têtes coiffées du klaft, servent de thème aux ornements.

◀

*120.* Guéridon tripode à plateau de marbre.
Les trois pieds en bois sculpté
en dauphins terminés par des griffes
reposent sur un socle triangulaire incurvé.
Vase antique au centre.
Pieds boule sous le socle.

*121.* Chaise à dossier ajouré
et bandeau plein enroulé vers l'extérieur.
Incrustations de bois clair sur le bandeau.
Pieds antérieurs en fuseau,
pieds postérieurs en sabre.
Semis d'étoiles sur la ceinture droite du siège.
Palmette découpée sur le dossier.

▼

Sous l'Empire, tous ces motifs d'inspirations seront curieusement réunis avec un souci d'authenticité très relatif !

A ce vocabulaire issu directement de l'Antiquité s'ajoute celui de la tradition. Le mobilier n'a pas encore la majesté, la pesanteur, qui sera la sienne sous l'Empire. Le mobilier volant, léger et gracieux, existe encore à la fin du XVIII$^e$ siècle.

C'est dans cette association, dans cette oscillation entre une tradition d'élégance et une volonté d'austérité et de grandeur, que réside la caractéristique principale du Directoire et son charme.

Quoique dépouillé, le mobilier Directoire fait néanmoins appel à un répertoire d'ornements assez caractéristiques de son temps. On peut schématiquement, le classer en deux tendances.

D'abord les ornements de type géométrique, grecs, losanges, carrés la pointe en bas, rectangles, octogones, rectangles à pans coupés. On les rencontre au centre des panneaux, cernant d'autres motifs ou comme motifs eux-mêmes. Ils participent à une volonté affirmée de simplifier les formes et d'en renforcer la géométrie et la rectitude des lignes.

Les ornements à l'Antique sont plus anecdotiques et plus spectaculaires aussi. Pieds en cariatides, en griffons ailés, en sphinx sont assez fréquents. Des têtes coiffées du klaft surmontent des piètements en gaines. Faisceaux de licteurs, palmettes, rosaces en godron évoquent encore l'Antiquité.

Plus circonstanciels, et moins nombreux que l'on semblerait le souhaiter, les emblèmes révolutionnaires se réfèrent aux événements contemporains. Drapeaux, bonnets phrygiens et sentences patriotiques se retrouvent parfois sur le mobilier.

▲
*122.* Chaise à traverse hémicycle incrustée de cuivre. Pieds antérieurs et postérieurs en sabre.

*123.* Fauteuil curule en acajou. Pieds et supports d'accotoirs en X sculptés. Accotoirs droits à boule. Traverse moulurée.
▼

*124.* Fauteuil à dossier évidé. Traverse en hémicycle. Accotoirs incurvés. Supports d'accotoirs en retrait. Pieds antérieurs et postérieurs en sabre. ▶

# Les meubles

## Les sièges

### • *Les Chaises*

— dossiers généralement découpés, renversés en arrière ;

— au sommet du dossier, la traverse, rectangulaire, est reliée à la base par un panneau découpé de divers motifs en palmette, grille, lyre ;

— apparition du dossier en hémicycle avec un bandeau rectangulaire cintré ;

— pieds arrière en sabre dans le prolongement du dossier ;

— pieds avant fuselés ou en jarrets de chèvre ou de lion.

### • *Les Fauteuils*

— dossiers renversés à l'arrière :
— «à crosses» lorsqu'ils s'enroulent en volute
— «à cornes» lorsqu'ils s'élargissent en trapèze

*127.* Support d'accotoir en sphynge ailée reposant sur un double dé de raccordement, l'un orné de stries, l'autre décoré d'une rosace godronnée. Pieds en fuseau dans le prolongement. ▶

◀
*125.* Dossier plein «à crosse» enroulé vers l'arrière. Accotoir droit garni de manchette.

◀ 126. Support d'accotoir en balustre relié à un pied tronconique par un dé de raccordement orné d'une marguerite dans un carré la pointe en bas.

▶ 128. Bergère à dossier trapézoïdal enroulé vers l'extérieur. Pieds en fuseau. Supports d'accotoirs en balustre.

— accotoirs droits, garnis d'une manchette reposant sur un support d'accotoir dans le prolongement des pieds antérieurs ;
— support d'accotoir sculpté en sphinge ailée, en bec d'oiseau, en mufle de fauve ;
— support d'accotoir en balustre sur socle rectangulaire strié ;
— dé de raccordement à la ceinture décoré d'une fleur godronnée ou d'un carré la pointe en bas ;
— pieds arrière en sabre ;
— pieds antérieurs droits, en fuseau, en jarret, en cariatide, en griffe ;
— création des sièges curule en X.

## Tables et guéridons
— plateau circulaire, octogonal ou losangé reposant :
— sur un fut central tripode ;
— sur trois pieds droits ou incurvés ;
— sur des pieds latéraux découpés ;
— pieds souvent en bronze.

▶ 129. Fauteuil cabriolet en hêtre peint à dossier «à cornes» s'enroulant vers l'extérieur en s'élargissant. Accotoirs garnis de manchettes reposant sur un balustre. Double dé de raccordement, l'un rectangulaire, orné de stries horizontales, l'autre carré, sur la ceinture, orné d'une rosace. Pieds postérieurs en sabre. Pieds antérieurs en fuseau.

*130. Décor d'urne antique dans un losange sur le bandeau d'un lit à chevets enroulés.*

**Commodes**
— rectangulaires avec des côtés plans ;
— pieds droits, en gaine, en toupie, en griffe de lion ;
— montants ornés de colonnes, de figures en gaine, de pilastres plats ;
— commodes ou bas d'armoire à deux ou trois portes, à l'anglaise ;
— disparition du décor.

**Meubles a écrire : bureaux et secrétaires**
— bureaux plats en acajou à pieds droits ;
— secrétaires hauts sans ornement, encadrés de pilastres plats, d'égyptiennes en gaines ;
— tables à la Tronchin avec un pupitre réglable ;
— pieds droits en gaine à section carrée.

**Buffets, armoires et bibliothèques**
— conservent la structure des meubles Louis XVI ;
— ornementation réduite ;
— apparition des buffets bas ou bas d'armoire ;
— façades peu décorées, droites, plates.

**Les lits**
— à chevets latéraux égaux ;
— montants ornés de colonnettes cannelées, en fuseaux, en cariatide, en gaines ;
— chevets droits surmontés d'un fronton triangulaire ;
— chevets enroulés ;
— ornements en losange, rosace, urne, palmettes, sur le bandeau ;
— apparition des lits de travers ou lits de côtés.

## Les matériaux

L'acajou tend à devenir le bois favori de l'époque. Néanmoins, noyer et bois fruitier sont utilisés pour le mobilier plus simple. Le hêtre peint est également encore en usage, surtout pour les sièges et les lits. Le bronze est d'un emploi courant pour les piétements des guéridons et tables, ainsi que pour l'ornementation. On se sert également d'étain en incrustation. Marbre et porcelaine servent à l'exécution des plateaux et se retrouvent parfois en cabochons.

## Les créateurs

Les Jacob sont les grands ébénistes de l'époque. Biennais, Vaugeois, Weisweiler, Benneman sont remarquables aussi. En général, les ébénistes et menuisiers du temps de Louis XVI, continuent à exercer sous le Directoire.

**Principales caractéristiques du style directoire**
— dépouillement des lignes ;
— abandon partiel de l'ornementation ;
— urnes à l'antique sculptées dans un losange ;
— la palmette verticale ;
— têtes d'égyptiennes ornées du klaft, sphinges ;
— pieds antérieurs et supports d'accotoirs en balustre rond ;
— dé de raccordement orné d'une rosace surmontée de stries ;
— dossiers enroulés et ajourés.

# L'Empire

## L'époque

Un seul nom : Napoléon. Tout dans l'époque semble tourner autour de ce petit homme au destin fabuleux. La France et l'Europe entière ne vivront bientôt plus qu'en fonction de lui, pendant qu'animé d'une folle ambition, il part à la conquête du continent. Les dix années de l'Empire sont dix années de Guerre.

Issu de la Révolution, l'Empire s'appuie sur les idées jacobines de centralisation. Le Droit devient écrit et le Code Civil s'impose, au fil des guerres, à l'Europe presque entière.

C'est une époque de grandeur et de misère. L'économie s'emballe et fait de sérieux progrès. La bourgeoisie commence à s'imposer ; c'est à elle que profite l'expansion économique, c'est parmi elle que sont choisis les grands dignitaires. Une nouvelle aristocratie se forme qui vit dans l'orbite de la Cour Impériale. Celle-ci se veut fastueuse et, par son éclat, cherche à éblouir les autres cours européennes. Comme pour mieux orchestrer son ascension personnelle, Napoléon a également la mainmise sur un style auquel, unanimement, la société se réfère. A tous les niveaux le centralisme est absolu.

Poursuivant un mouvement amorcé dans l'Europe entière dès le milieu du XVIIIe siècle, le néo-classicisme qui se réfère à l'Antiquité impose ses formes à l'art décoratif et à la peinture. Ce retour à l'Antique se fait plus insistant, et devient peut-être moins anecdotique. De l'engouement pour les meubles «à l'étrusque» du Directoire et de la mode «Retour d'Egypte» qui a marqué le Consulat, il reste encore quelques tics stylistiques : les pieds sont toujours en sabre et les égyptiennes en klaft

▲
*131.* Commode à trois tiroirs, plus un tiroir dans la ceinture, en acajou. Plateau en marbre gris. Deux cariatides en gaine à tête d'égyptienne coiffée du klaft soulignent les montants. Poignées, entrées de serrure et rosaces en bronze doré.

*132.* Grand guéridon en acajou
et marbre à plateau circulaire
porté par trois bustes féminins
en gaine reposant sur un socle triangulaire curviligne,
au centre duquel est posée une cassolette en bronze.
▼

*133.* Pieds arrière en sabre
d'une chaise à dossier droit et rectangulaire.

participent toujours au répertoire Empire, pourtant, la référence à l'Antiquité est, avec l'Empire beaucoup plus globale et apparaît presque comme une philosophie de la vie et du goût. C'est sensible chez les peintres comme David qui renouent avec une idée très classique de la beauté et de l'équilibre.

Pourtant, une autre sensibilité plus passionnée et moins «raisonnable» et qui fait la part belle aux sentiments et à l'exaltation se confirme également en ces premières années du XIX$^e$ siècle. Madame de Staël, mise à l'écart, par Napoléon, d'une vie trop parisienne, reçoit l'Europe entière en son château de Coppet et, après un voyage en Allemagne où elle rencontre Goëthe et Schiller, contribue à répandre en France cette littérature germanique. A la même époque, en pleines guerres Napoléoniennes, Lord Byron commence son tour d'Europe. Le Romantisme est né. Il s'épanouira comme l'on sait.

## Le style

A nouveau régime, nouvelle esthétique. La rupture avec le passé n'est pas radicale. C'est toujours et encore l'Antiquité qui sert d'exemple. Mais elle n'est plus alors ni bucolique, ni exotique. On se souvient de la Grèce et surtout de Rome dont la destinée expansionniste sert de caution au régime. Les références sont directes et les emprunts stricts. En imitant l'Empire (Romain) le nouveau régime associe le nom de l'Empereur à celui de César. L'héroïsme, la majesté, la sévérité, l'ampleur sont les vertus que l'art décoratif se doit d'évoquer. Comme au temps du Roi Soleil, le style a de nouveau une fonction bien précise.

Trois personnes sont les ordonnateurs de cette fête impériale. Napoléon leur a donné son blanc-seing. David, ardent révolutionnaire et ami de Bonaparte est nommé, en 1804, Premier Peintre de l'Empereur. Il commémore les grands événements de l'Empire et impose à la peinture une conception très statique des lignes qui en accentue la grandeur et la force. Pourtant, en dépit de son désir, il n'accèdera jamais à une position comparable à celle de Le Brun sous Louis XIV. Percier et Fontaine, en revanche, architectes et décorateurs, énoncent les canons de l'architecture intérieure et dessinent tout, des meubles jusqu'aux accessoires. Les lignes y sont droites, raides, presque sévères. Les volumes sont imposants, les meubles massifs, monolithiques. A la fantaisie, on préfère le faste, le luxe.

La Cour est soumise à une étiquette rigide, presque militaire. Hors des Tuileries, le même esprit est respecté et les dignitaires du régime adoptent le même ton dans leurs salons magnifiquement réaménagés. Comme les commandes s'adressent à un petit

▲
*134. Palmette dans une fleur de lotus.*

*135. La nymphe dansant.* ▶

nombre de fournisseurs, le style Empire se caractérise par une unité particulièrement lisible.
L'architecture suit les mêmes données. Soucieux de gloire, Napoléon fait construire des monuments de prestige ou percer des voies triomphantes. On copie les arcs romains (Arc de l'Etoile par Chalgrin 1806, Arc du Carrousel par Percier et Fontaine 1808) et les bâtiments, civils ou religieux, se mettent à ressembler à des temples antiques (La Madeleine par Vignon 1808, la Bourse de Paris par Brongniart 1808).

Les meubles Empire sont construits sur des schémas très stricts où la ligne droite et l'ampleur du volume concourent à la composition géométrique et aux divisions régulières. C'est toujours le rectangle qui détermine la forme. Les surfaces sont planes, ornées en leur centre de bronzes en applique. Les moulures disparaissent ou ne servent plus, le cas échéant, que d'encadrement. La beauté du bois (l'acajou tend à se généraliser) semble se suffire à elle-même ; l'ébéniste n'utilise plus la marqueterie pour enjoliver le décor. Les bronzes, en revanche, font jouer, par contraste, la chaleur des bois sombres.

L'adjonction de colonnes, pleines ou demi-cylindriques, de cariatides ou de sculptures diverses (têtes de lions, sphinx, génies ailés, têtes de béliers, griffons) servant de support aux structures mêmes du meuble, donnent à l'ensemble un caractère volontairement architecturé. Les autres éléments du vocabulaire de l'ornementation sont variés : feuille de lauriers, pampres de raisins, fougères, palmettes, abeilles, étoiles, aigles, et tout ce qui peut faire penser à la grandeur ou à la majesté, sans oublier le N napoléonien.

Parfois un peu massifs, les meubles de l'Empire sont remarquables par la qualité du travail et le fini de

▲
*136. Lit en acajou à chevets enroulés dit lit bateau. Montants verticaux ornés en applique d'une nymphe dansant en bronze. Décor de feuillage et palmette sur la ceinture.*

▶
*137. Athénienne à trois pieds reliés entre eux reposant sur un socle triangulaire curviligne.*

*139.* Secrétaire haut à abattant avec un tiroir dans la ceinture et trois tiroirs sous l'abattant. La ligne est droite. Deux colonnes baguées de bronze soulignent les montants.

*138.* Bergère à dossier rectangulaire droit. Accotoirs en dauphin reliés à la ceinture du siège à l'aplomb des pieds antérieurs.

l'exécution. Bénéficiaires de commandes importantes des dignitaires du régime, les ébénistes et les menuisiers, désormais non cloisonnés par le système des corporations aboli depuis la Révolution, ont été également très stimulés par les expositions des produits de l'Industrie organisées dès 1798. Le perfectionnement de l'outillage, en particulier des scies, a également contribué à la qualité des finitions.

A la fois austère et luxueux, volontiers martial, le style Empire semble à priori, très lié au régime politique qui lui a donné son nom. C'est néanmoins oublier que ses principales caractéristiques existaient une dizaine d'années avant le sacre. C'est oublier également que bien après l'Empire, le style se verra perpétré jusque tard dans le siècle par toute une production bourgeoise.

Si les formes se sont, certes, abâtardies, le goût pour un mobilier strict et cossu s'est conservé et s'est manifesté dans toute l'Europe.

Or, ce goût existait bien avant l'Empire traditionnellement en Angleterre où le mobilier s'est souvent caractérisé par l'économie de ses formes et par son peu de goût pour les décors surajoutés.

Ainsi, curieusement, alors que le style Empire a certainement influencé le mobilier Regency (Thomas Hope était un ami de Percier), c'est en Angleterre que Jacob a pris le goût des meubles d'acajou aux lignes totalement épurées qu'il a produit à l'extrême fin du XVIII$^e$ siècle et qui, incontestablement, annoncent l'Empire et ses rigueurs.

Cette filiation anglaise se fait aussi sentir dans le manque de fantaisie et de frivolité qui caractérise ce style (au contraire des styles du XVIII$^e$ siècle français).

Les petits meubles qui s'étaient multipliés au XVIII$^e$ siècle disparaissent au profit de meubles puissants et majestueux qui sont, avant tout, destinés à s'intégrer dans une architecture immobile. L'aménagement intérieur recherche, comme le recherchait David dans ses tableaux, à créer l'équilibre et la stabilité. La symétrie est rigoureuse ; rien ne bouge et les meubles ne sont pas conçus pour être déplacés. La grandeur ne s'accommode pas de l'imprévu.

*140.* Chaise gondole à pieds antérieurs en jarret de lion. Dossier cintré et accotoirs, s'arrondissant jusqu'à la ceinture du siège, réunis par un angle vif.

*141.* Lit de côté à deux chevets droits soulignés de colonnes droites, baguées de bronze. A côté, somno cylindrique en acajou.

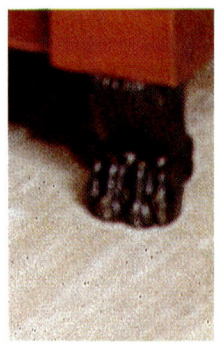

◀ *142.* Pied en griffe.

## Les meubles

### Les sièges

• *Les Chaises*

— dossiers ajourés en bandeau ;
— dossiers rectangulaires, légèrement incurvés vers l'extérieur, découpés ou rembourrés ;
— dossiers souvent surmontés d'un fronton ;
— dossiers gondole demi-circulaires se raccordant à la ceinture ;
— siège rembourrés, à angles vifs ;
— pieds antérieurs droits ;
— pieds postérieurs en sabre.

• *Les Fauteuils*

— persistance des dossiers renversés ;
— apparition des dossiers droits, rectangulaires, couronnés d'un fronton ;
— accotoirs droits ;
— supports d'accotoirs dans le prolongement des pieds antérieurs ;
— supports d'accotoirs sculptés en sphinge ailée, en tête de bélier, d'aigle ou de lion ailé, en dauphin ;
— pieds antérieurs droits, terminés par des griffes, ou en jarret, en gaine surmontée d'une tête égyptienne ou d'un buste de femme ;
— pieds arrière en sabre à section carrée ;
— dossiers gondoles.

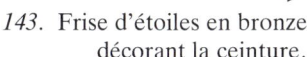

*143.* Frise d'étoiles en bronze décorant la ceinture.

*144.* Pied en cariatide en gaine. ▶

## Tables et guéridons

— en général ronds ;
— plateaux en marbre ou en bois ;
— ceintures épaisses décorées de bronze ;
— piétements centraux : un fût en colonne droite reposant sur une base triangulaire curviligne ;
— petites tables imitées de l'antiquité : trépieds en bronze ou athéniennes ;
— tables de chevet ou somno cylindrique avec dessus de marbre.

## Commodes

— façades plates ;
— rectangulaires aux angles vifs ;
— reposent sur un socle en plinthe ou sur des pieds très courts en griffes de lion ou simplement rectangulaires (les pieds en boule sous un cylindre semblent postérieurs) ;
— trois tiroirs apparents plus un tiroir légèrement débordant dans la ceinture ;
— persistance des commodes à l'anglaise à deux vantaux ;
— montants ornés de cariatides en gaine, de colonnes droites ou demi-colonnes en applique ;
— plateau de marbre gris, noir ou parfois vert ;
— bronzes en applique à la ceinture : palmettes, étoiles, couronnes de lauriers ;
— semainiers ou chiffoniers, à sept tiroirs, conçus comme une commode haute ; mêmes proportions que pour le secrétaire haut.

▶ *145.* Pied en double balustre.

*146.* Bas d'armoire en acajou s'ouvrant à deux vantaux ; décor en bronze de médaillons inscrits dans une couronne de laurier, rinceaux, palmettes, volutes et lyre. ▶

▶ *147.* Fauteuil à dossier droit. Les pieds antérieurs droits et les supports d'accotoirs sont en prolongement. Accotoirs à manchette droits. Bronzes d'applique en lions ailés sur le bandeau.

◀ *148.* Support d'accotoir en bronze en forme de sphinge.

◀ *149.* Sabot de bronze en griffe terminant les pieds antérieurs d'un fauteuil.

### Bureaux et secrétaires

— tables bureaux rectangulaires à angles vifs, plateaux épais avec ornementation sur la ceinture ;
— quatre pieds en colonnes baguées, en griffons, en cariatides en gaine ou en lions ailés ;
— les pieds reposent souvent sur des patins reliés entre eux par une entretoise ;
— secrétaires hauts à abattant à angles vifs ;
— façades plates encadrées de montants en pilastres, en colonnes ou demi-colonnes, en cariatides en gaine ;
— bronzes en applique réduits, ornant la ceinture ou le centre des panneaux ;
— pieds bas ou en plinthe.

### Armoires et bibliothèques

— les armoires, peu en faveur, sont traitées avec économie ;
— les bibliothèques connaissent une grande vogue ;
— composées d'une partie inférieure pleine et d'une partie supérieure vitrée ;
— la partie inférieure est décorée de bronzes en applique ;
— corniches droites ;
— montants soulignés de pilastres, colonnes baguées, cariatides en gaine.

### Lits

— lits bateau ;
— à chevets d'égale hauteur incurvés vers l'extérieur ;
— décorés d'un seul côté de bronze en applique ;
— lits droits ;
— à montants verticaux en colonnes baguées ;
— à l'antique, à un seul chevet.

## Les matériaux

Le bois peint, peu en faveur, n'est pourtant pas abandonné. Le blanc et l'or sont les couleurs les plus fréquentes.
Acajou flammé et noyer sont les bois les plus utilisés, sous forme de placage ou, parfois, massifs. Les bois indigènes dont l'emploi est recommandé ne sont néanmoins pas très prisés.
Les marbres sont gris, blancs ou verts. Les bronzes sont dorés ou patinés à l'Antique quand ils servent de piétement.

## Les créateurs

Percier et Fontaine, architectes et décorateurs, ornemanistes et dessinateurs de meubles sont les grands noms du style.
Jacob Desmalter, Jacob frères, Thomire à qui l'on doit les plus beaux bronzes sont les artisans de l'époque les plus réputés.

### Principales caractéristiques du style Empire

— rigueur des lignes, massives, droites et scrupuleusement orthogonales ;
— hiératisme des ensembles ;
— prédominance de l'acajou ;
— absence de marqueterie ;
— décors de bronze en applique : couronne de laurier, étoile, palmette, abeille, nymphe dansante ;
— pieds et montants en colonne baguée ;
— pieds et montants en cariatide engainée ;
— piétements triangulaires curvilignes ;
— sphinx égyptiens, griffons ailés, lions ailés.

# La Restauration

150. Table travailleuse à plateau mobile.
Pieds en galbe sinueux reliés par un balustre court.

151. Table à ouvrage en loupe d'orme.
Pieds sculptés en cygne et terminés en jarret de lion reposant sur des patins en accolade.

## L'époque

1814. Vaincu par une coalition européenne, l'Empire s'effondre. Revenu d'exil, le frère de Louis XVI monte sur le trône sous le nom de Louis XVIII. La France est exsangue et accueille avec soulagement ce nouveau souverain. Voulant agir comme si, depuis vingt ans, rien ne s'était passé, les débuts sont maladroits et se soldent par une fuite. Débarqué de l'Ile d'Elbe, Napoléon revient, sans coup férir, à Paris. Pour cent jours. Jusqu'à Waterloo. Trois mois après, Louis XVIII est de nouveau au pouvoir.

Avec lui, les nobles de l'Ancien Régime reviennent d'un long exil et se réinstallent dans leurs demeures parisiennes et leurs châteaux de province. Pourtant, l'équilibre est précaire entre cette classe qui entend revivre comme avant et une France qui a connu une Révolution et l'épopée d'un Empire. Entre libéraux et ultras, Louis XVIII oscille avec circonspection.

Moins mesuré, Charles X qui succède à son frère en 1824 avoue, dès son sacre à Reims, son désir de rétablir la structure sociale de l'Ancien Régime. La part trop belle laissée aux ultras, des lois impopulaires, la crise économique auront alors raison de cet équilibre instable. Le peuple, pourtant totalement mis à l'écart du pouvoir politique, en trois jours fera tomber le Régime.

Indécise quant au chemin à suivre, cette époque de tâtonnements aura surtout été une époque de remise en ordre. L'économie, mise à mal par les guerres de l'Empire, stagne, mais lentement, se prépare à la Révolution Industrielle. Seuls les esprits bougent beaucoup. Les échanges avec l'étranger sont plus nombreux. Les romantismes allemand et

*153.* Lit bateau à chevets enroulés. Pieds droits reliés à la ceinture par une console en volute.

*152.* Bonheur du jour surmonté d'une armoire vitrine. Pieds latéraux découpés reposant sur des patins reliés par un balustre. Motifs incrustés en amarante sur les tiroirs et aux angles des portes. ▼

anglais trouvent un écho en France. On délaisse le classicisme pour cette autre forme d'expression. David fait place à Delacroix, on écoute la musique de Berlioz et on rêve avec Lamartine, Musset ou Victor Hugo.

# Le style

Plus soucieux d'économie que de dépenses somptuaires, Louis XVIII, une fois au pouvoir, ne semble attacher qu'une importance toute relative à son cadre de vie. S'il maintient et encourage les Expositions des produits français créées sous le Directoire, il ne manifeste que peu d'intérêt pour les arts décoratifs. Il s'accommode très bien des meubles napoléoniens dont il se contente de faire «gommer» les emblèmes. La Cour, d'ailleurs, plus animée par l'étiquette que par le faste, ne brille guère. On n'assiste donc pas, venue d'en haut, à une remise en cause catégorique du style précédent pourtant fortement dominé par la personnalité de l'Empereur.

Néanmoins, des changements s'opèrent. La noblesse de l'Ancien Régime, revenue d'exil, entend retrouver un mode de vie qu'elle avait connu avant. A la majesté pesante de l'Empire, elle veut donner grâce et fantaisie. Mais, moins fortunée qu'au XVIII$^e$ siècle, elle n'a plus les moyens de l'insouciance luxueuse à laquelle elle était habituée. Désirant aussi se démarquer de la noblesse d'Empire et des hauts fonctionnaires, elle affiche une discrétion de bon aloi. Les fêtes ne sont pourtant pas exclues. La duchesse de Berry, qui fut la principale instigatrice de ce style, vit avec entrain et légèreté.

Le style Restauration naît de ce climat. Le style Empire, très fortement implanté dans toute l'Europe, n'est pas abandonné. On produit toujours des formes droites, quelque peu massives. On leur donne simplement plus de fantaisie. On retrouve également des ornements venus des répertoires de la fin du XVIII$^e$ siècle.

▲
*154.* Guéridon à plateau hexagonal incrusté de filets d'amarante. Motifs d'ogive sur la ceinture. Pieds centraux ornés de colonnettes terminées par des ogives.

*155.* Table jardinière.
Pieds en double balustre reliés par des croisillons.
▼

◀
*156.* Montant latéral
d'un dossier légèrement enroulé
et pied arrière en sabre d'un seul tenant.

Lassée de l'emphase et de la majesté, la Restauration abandonne les acajous et les bois exotiques qui sont typiques de l'Empire. Le Blocus continental avait d'ailleurs contraint les fabricants à se servir de bois indigène. Plus aimables et plus doux, les bois clairs sont les plus recherchés sous la Restauration. Werner en propose des modèles. La duchesse de Berry contribue à en répandre la mode. On aime le citronnier, le frêne, la loupe d'orme, l'érable. Aux bronzes, délaissés, on préfère les incrustations de motifs en bois découpés. Rosaces, palmettes, guirlandes de feuillages en bois d'amarante viennent s'inscrire dans la blondeur des meubles. Des filets également sombres encadrent aussi les éléments du meuble et en soulignent la structure.

Parallèlement, on perçoit un assouplissement des lignes. Des courbes douces viennent ponctuer les formes généralement droites et massives. Des crosses s'enroulent, les pieds se galbent, les dossiers s'incurvent. Le tout reste néanmoins mesuré et un peu épais. Le dessin des meubles n'a pas la vigueur de ceux du XVIII$^e$ siècle. Plus massif et aussi plus dépouillé, il traduit une volonté de solidité.

En dépit de détails, ce mobilier apparaît comme la suite logique du style Empire au classicisme froid et triomphant. Pourtant une influence viendra très vite contrebalancer cette filiation. Très vite et, au début, par de simples détails.

*158.* Lit bateau à chevets enroulés.
Ceinture rectiligne
ornée d'incrustations d'amarante.
Pieds découpés.
▶

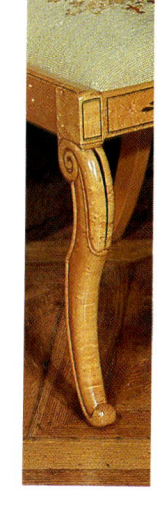

*159.* Pieds en console
terminés par une volute enroulée
soulignée de filets d'amarante.

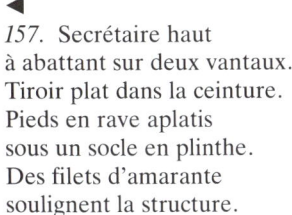

*157.* Secrétaire haut
à abattant sur deux vantaux.
Tiroir plat dans la ceinture.
Pieds en rave aplatis
sous un socle en plinthe.
Des filets d'amarante
soulignent la structure.

*160.* Chaise
en loupe de frêne
à incrustations
d'amarante.
Dossier
rectangulaire
légèrement enroulé
ajouré en barrette.
Pieds antérieurs
en console ;
pieds arrière
en sabre.

*161.* Chaise
en loupe de frêne
à filets d'amarante.
Dossier plat
à la cathédrale
découpé
en arcatures ogivées.
Pieds en fuseau.

*162.* Guéridon à plateau rectangulaire et pied central en fût reposant sur un socle triangulaire incurvé. Pieds boule. Modèle hérité de l'Empire.

*163.* Guéridon à plateau circulaire en marbre. Ceinture large. Piétement central en bulbe reposant sur trois pieds en cuisse de grenouille.

Mis à la mode par le Romantisme, le Moyen Age s'empare des arts décoratifs. On se lasse de la raideur classique et, sous l'impulsion d'*Ivanhoé* paru en 1820, on se prend à rêver d'aventures et de pittoresque. Le goût des ruines avait marqué la fin du XVIII$^e$ siècle, celui du gothique caractérisera le début du XIX$^e$ siècle. On voit alors apparaître des meubles d'inspiration médiévale avec ogives, pinacles, créneaux, arcs. Curieusement, ce décor ne fait que s'appliquer à une structure encore classique. Le style Troubadour, ou Cathédrale, n'a pas réellement modifié la conception générale du mobilier. Les artisans proposent simultanément deux types de meubles, les uns classiques et les autres à motifs gothiques et sacrifient ainsi à une mode que les bibelots, plus facilement soumis aux extravagances, contribueront également à répandre. Très vite, ce Moyen Age de roman d'aventures se mâtinera d'un peu de Renaissance. Avec le retour au gothique, le XIX$^e$ siècle inaugure ainsi le cycle des pastiches des divers styles antérieurs qui caractérisent l'histoire de son art décoratif.

Néanmoins, l'intérêt porté à l'architecture médiévale et les inventaires quasi scientifiques que l'on dresse à l'époque n'amènent pas les arts décoratifs à un simple plagiat (pas encore !). Le style Troubadour s'inspire. Les meubles néo-gothiques ne copient pas les meubles, bien rares, du Moyen Age, mais ils empruntent des éléments caractéristiques du décor et les plaquent sur des meubles aux formes encore héritées de l'Empire. Ogives ou arcs trilobés, pinacles et clochetons sont réalisés sur des meubles de bois clairs et viennent simplement compléter le haut d'un dossier, l'intérieur d'un secrétaire ou la ceinture et le piétement d'un guéridon.

◀

*164.* Chaise gondole en loupe d'orme. Dossier ajouré découpé en forme de lyre. Montants latéraux courbes reliés au dossier par une ligne continue. Pieds en console.

## Les meubles

### Les sièges

• *Les Chaises*

— à dossiers rectangulaires ajourés, à barrettes horizontales, à croisillons ;
— dossiers renversés et enroulés ;
— pieds antérieurs en console ;
— pieds arrière en sabre ;
— dossiers gondole ajourés avec motif intérieur découpé ;
— à la cathédrale, avec motifs en ogive.

• *Les Fauteuils*

— à dossiers rectangulaires pleins et garnis ;
— dossiers renversés ou surmontés d'un fronton ;
— pieds antérieurs en console ;
— pieds arrière en sabre ;
— accotoirs en console dans le prolongement des pieds antérieurs ;
— accotoirs en crosse enroulée ;
— sièges garnis ;
— fauteuils gondole à dossiers garnis et sièges arrondis ;
— accotoirs en balustre, en volute ou en crosse directement reliés à la ceinture.

### Tables et guéridons

— guéridons ronds à piétement central en balustre ;
— piétements latéraux en lyre ;
— pieds en X ;
— pieds galbés réunis par une tablette d'entre-jambe ;
— pieds sculptés en cols-de-cygne ;
— pieds terminés par des griffes.

*165.* Fauteuil gondole à dossier cintré, relié à un support d'accotoir en console enroulée, terminée par un col de cygne. Pieds antérieurs en console. Pieds arrière en sabre.
▼

*166.* Chaise en loupe de frêne à incrustations d'amarante. Dossier rectangulaire enroulé ajouré en croisillons.

*167.* Fauteuil gondole à dossier garni, cintré. Accotoirs curvilignes reliés à la ceinture.

### Commodes
— rectangulaires à façades plates ;
— reposent sur une plinthe, pieds très courts ;
— permanence de la commode à l'anglaise, à deux portes ;
— commodes à trois tiroirs plats encadrés d'une moulure à structure rectangulaire et surmontés d'un quatrième tiroir, plus étroit, en doucine ;
— plateaux généralement en marbre, gris ou blanc.

### Bureaux et secrétaires
— secrétaires hauts et droits à abattant avec tiroir parfois en doucine, dans la ceinture ;
— pieds courts ;
— portes ou tiroirs sous l'abattant ;
— panneaux généralement encadrés d'un filet de bois contrasté ;
— bonheurs du jour surmontés d'une vitrine, reposant sur des pieds latéraux découpés, posés sur des patins, reliés par un entrejambe.
— apparition des écrans formant pupitres.

### Armoires, bibliothèques
— en défaveur, les armoires sont rares, parfois équipées d'un miroir ;
— les bibliothèques sont sobres, vitrées ;
— structures entourées d'un filet de bois contrasté ;
— surmontées d'un fronton droit ou en doucine ;
— bas d'armoires droits, à trois ou quatre portes soulignées d'un filet contrasté, orné, au centre du panneau, d'un motif incrusté ;
— socles en plinthe.

### Lits
— généralisation du lit bateau à chevets enroulés.

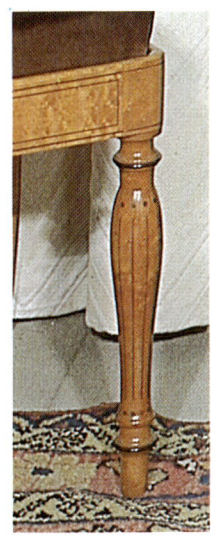

*169.* Pieds en fuseau
à filet d'amarante.

*168.* Table à volets en loupe de frêne
avec incrustations d'amarante
sur la façade des tiroirs de la ceinture.
Pieds en lyre reposant sur des patins,
reliés par une entretoise tournée en fuseau.

*170.* Motifs d'amarante incrustés
en feuillage de lierre et palmettes.

*171.* Motifs d'amarante incrustés
avec un cygne les ailes déployées
et une palmette dans un cœur.

*172.* Commode à trois tiroirs avec traverses et un quatrième, en doucine, dans la ceinture.
Façade et côtés plats.
Filets d'amarante soulignant la structure du meuble.
Incrustations dans la ceinture.
▼

## Les matériaux
— généralisation des bois clairs incrustés de bois sombres ;
— citronnier, frêne, érable, orme, platane, thuya ;
— incrustation d'amarante, de palissandre ;
— utilisation du palissandre avec incrustations en citronnier à la fin du règne.

## Les créateurs
Werner, Bénard, Répond, Bellangé, Jacob-Desmlater, Lemarchand, Baudry restent les noms de créateurs de meubles les plus représentatifs.

**Principales caractéristiques du style restauration**
— utilisation des bois clairs ;
— incrustations de bois sombres en filets et motifs divers : palmettes, rosaces, guirlandes, rinceaux, couronnes de feuillage ;
— pieds en console ;
— pieds fuselés ;
— pieds en griffes ;
— dossiers gondole ;
— piétements en lyre ;
— cols-de-cygne ;
— socles en plinthe ;
— disparition des bronzes ;
— motifs néo-gothiques.

# Le Louis-Philippe

▲
*173.* Secrétaire Louis-Philippe à abattant en placage d'acajou. Forme droite, sans décor, simplement encadrée d'une fine moulduration. Trois tiroirs sous l'abattant, un tiroir plat dans la ceinture. L'intérieur est plaqué de bois clair avec encadrement contrasté. Découpe en accolade de la niche. Nombreux tiroirs. Pieds très courts en trapèze évasé.

*174.* Petite table travailleuse en palissandre orné de bois clair. Plateau en cuvette, deux tiroirs. Pieds très sinueux réunis par une tablette d'entrejambe. Roulettes.
▼

## L'époque

La coalition de l'opposition, qui remporte les élections de juillet 1830, rend le pouvoir de Charles X bien fragile. Durcissant sa position, celui-ci provoque alors un mécontentement populaire qui tourne vite à l'émeute. Trois jours d'insurrection qui entrent dans la légende et suffisent à renverser un régime devenu impopulaire. Célébrées par Delacroix («La Liberté guidant le Peuple») et éternisées par l'Histoire sous le nom des Trois Glorieuses, ces trois journées sanglantes laissent le Trône vacant. Pour réconcilier les inconciliables, apparaît un nouveau nom sur l'échiquier politique : le Duc d'Orléans. Parce que Bourbon pour les uns, quoique Bourbon pour les autres ; Louis-Philippe devient Roi des Français, mais doit très vite faire face à deux oppositions, l'une à droite, toujours fidèle à Charles X et qui, peu à peu, déserte de l'intérieur la vie sociale française, l'autre, à gauche, républicaine, qui se voit mise à l'écart de la vie politique par tous les moyens, même sanglants.

Entre ces deux pôles, le Roi, plus bourgeois que les bourgeois, tente d'instituer un libéralisme aussi bien économique que politique. Désapprouvé par l'ancienne noblesse, le Roi s'appuie sur la «bonne» bourgeoisie qui détient déjà à cette époque le pouvoir économique.

Modéré quant à ses ambitions, le régime met en place les premières structures de la société industrielle. On facilite et on encourage les progrès techniques. Une classe moyenne s'affirme, que le régime veut séduire, alors que se creuse le fossé entre le prolétariat des villes et une société bourgeoise, déjà capitaliste.

◀
*175. Guéridon à plateau rond en marbre cerclé de bois. Pied central en bulbe reposant sur trois pieds en console terminée par des griffes.*

*176. Petit bonheur du jour à tablette mobile. Double pieds en balustre ouvragé reposant sur des patins. Plateau surmonté d'étagères à tiroirs. Etagère finale supportée par une console à volute enroulée.*
▼

Dans ce climat naissent les premières réflexions sociales. Après Saint-Simon et l'utopisme social de Fourier, le catholicisme de Lamennais se veut bientôt socialiste. Proudhon condamne la propriété individuelle et, en 1847, paraît le premier Manifeste Communiste de Marx.

Le Romantisme lui-même, grande affaire intellectuelle de la première moitié du XIXe siècle, se teinte d'arrière-pensées républicaines. Aux monarchistes Chateaubriand et Alfred de Vigny, succèdent au firmament du succès Lamartine et Victor Hugo. Dans le même temps, la littérature reprend contact avec la réalité : l'œuvre de Balzac raconte les vingt années de cette monarchie de Juillet.

## Le style

Quant à son style, l'époque paraît être une époque charnière. Alors que les lignes héritées de l'Empire et adoucies par la Restauration ne sont pas abandonnées, on voit déjà apparaître à la fin du règne ce qui semble caractéristique du Napoléon III. Dès 1840, les styles antérieurs sont abondamment copiés. Le gothique, mis à la mode par les Romantiques, plaît toujours : il est plus chargé, plus déchiqueté qu'à l'époque précédente. D'autres styles sont ainsi remis au goût du jour. On fabrique des salons Renaissance, des chaises Louis XIII et des ensembles Rocaille. En réalité, presque tout ce qui s'est fait au Second Empire existe déjà sous Louis-Philippe, même ces curieux meubles en carton bouilli laqués de noir et incrustés de fleurs polychromes que l'on fabrique en Angleterre dès 1825.

Si quelque chose caractérise réellement le Louis-Philippe, c'est moins un «style» qu'un climat de fabrication.

Nous l'avons dit, avec Louis-Philippe, la bourgeoisie a choisi son roi. La réciproque est vraie, et Louis-Philippe gouverne bien en roi bourgeois. Les mécanismes économiques tiennent désormais lieu d'idéologie. A une civilisation d'artisans, on substitue déjà une civilisation de type industriel. L'art du mobilier, plus que tout autre, est sensible à ce changement. Les meubles, désormais réalisés en grande série, sont conçus dans des ensembles. Tout s'assortit et l'on vend, réunis, les mobiliers complets de chambre (un lit, deux chevets, une armoire à glace, une coiffeuse) ou de salle à manger (buffet, desserte, table ronde, chaises). Mais, si l'on aménage l'ensemble d'une pièce dans un même style, meubles et décor mural, le choix des styles est, en

◀
177. Petite étagère en frêne.
Façade encadrée par deux montants de bois tourné.
Panneaux latéraux découpés.
Bronzes en applique sur la ceinture.

178. Commode-toilette
à quatre tiroirs séparés de traverses.
Dans l'épaisseur de la doucine inversée
on a aménagé une toilette.
Plateau mobile.
▼

revanche, large. Tous les genres se côtoient sur le marché. Pour faire face à une demande importante et pour installer les nombreux immeubles (c'est sous Louis-Philippe qu'apparaissent les immeubles de rapport), les marchands de meubles désormais remplacent les fabricants d'antan. Ils proposent des meubles à l'exécution soignée, mais au luxe raisonnable. Si l'usage des bois clairs n'est pas abandonné, on préfère néanmoins les meubles sombres, de palissandre ou d'acajou, décorés d'incrustations de bois clairs (houx ou citronnier aux motifs très finement découpés.

Soucieux du bien-être, le bourgeois de l'époque préfère le confort au faste. La société entière, à l'image de son roi, semble se méfier du luxe. Les meubles sont souvent nus, sans décors ni bronzes, laissant, selon la tradition anglaise, le bois apparent. De simples moulures soulignent la structure. Cette sobriété ne va pas sans une certaine lourdeur. Les lignes, un peu molles, s'infléchissent avec une certaine bonhomie. On utilise pour ces meubles des placages soignés d'acajou sombre et rougeoyant ou, parfois, de noyer.

Plus tapageurs, les meubles inspirés des styles antérieurs ne reculent en revanche pas devant les surcharges. Leur esprit est plus proche de celui du Second Empire et la tendance ne fera que s'accentuer par la suite. La Renaissance y est pesante et la Rocaille tarabiscotée. Les anachronismes ne sont pas exclus et les marques de l'époque s'affichent sans complexe. On dote les pieds des bergères Louis XV de roulettes et les dossiers d'une poignée de préhension.

Si un certain épuisement de la création se perçoit dans le style Louis-Philippe, il ne se traduit pas par un manque d'invention quant à la fonction du meuble. Ceux-ci se veulent pratiques. On met au

◀

*179.* Console d'appui à dessus de marbre. Deux pieds très sinueux reposent sur un socle épais à pieds en griffes. Une volute décorée de palmette complète le socle. Ceinture droite avec tiroir.

*181.* Commode secrétaire en loupe d'orme et érable. Le tiroir du haut, mobile, fait secrétaire. Montants en colonnettes ouvragées. Tiroir du bas à décor inspiré de la Régence. Esprit déjà Napoléon III.

▶

*180.* Table-coiffeuse. Dessus de marbre. Quatre pieds très sinueux réunis par une entretoise en fuseau. Miroir ovale basculant.

▼

point de nouveaux modèles qui offrent un maximum de services. Les armoires à glace remplacent désormais armoires et psychées ; les commodes-toilettes dissimulent dans leur tiroir supérieur les accessoires de la toilette et les commodes-secrétaires remplissent deux fonctions.

Les meubles se multiplient, et les appartements s'encombrent. On aime le douillet jusqu'au paroxysme. Les murs sont recouverts de tentures. Deux, voire trois paires de rideaux encadrent des fenêtres déjà ornées de voilages d'organdi. Ce goût pour l'étoffe se rencontre aussi sur les meubles. Les sièges se rembourrent et la passementerie termine l'habillage.

Soucieux de rentabilité et désireux de plaire à une classe nouvellement fortunée, les fabricants de meubles essayent moins de créer un nouveau style que de reprendre des thèmes déjà exploités. Ils puisent dans les recueils d'ornemanistes, tels Chenavard, qui s'inspirent eux-mêmes largement du passé. Le tout se traduit par des références assez approximatives.

Paradoxalement, ce sont les meubles les plus bourgeois, les plus simples, qui restent les exemples les plus attachants de cette époque. Leur fabrication industrielle s'accompagne d'un fini impeccable et les bois employés, de belle qualité, ne nous laissent pas indifférents. Conçus pour des immeubles de série, ils sont à l'échelle de l'architecture que nous connaissons encore aujourd'hui. La sobriété de leur ligne, exigée par leur mode de fabrication, est aussi caractéristique d'un certain modernisme de conception qui ira s'affirmant jusqu'au fonctionnalisme. Conformes à un idéal bourgeois de confort et de discrétion, tributaires de leur mode de fabrication (et de diffusion), ces meubles parfois austères, semblent avoir la vérité de leur époque.

◀
*182.* Chaise en acajou,
dossier à planche
avec un X
composé de fleurons
en forme de lotus.
Pieds arrière en sabre.
Pieds avant en console.

*183.* Chaise en acajou de style gothique.
Des colonnettes en bois tourné,
détachées du dossier l'encadrent.
Dossier plat, garni,
surmonté d'un fronton rappelant les fenestrages gothiques.
Pieds avant tournés en spirale
(inspiration Louis XIII).
Roulettes sous les pieds avant.
▼

*184.* Fauteuil en palissandre incrusté de bois clair.
Dossier légèrement enroulé vers l'arrière ;
pieds postérieurs en sabre.
Accotoirs droits terminés par une courte volute,
reposant sur un support en console.
Pieds antérieurs en console inversée.
▼

# Les meubles

## Les sièges

### • *Les Chaises*

— pieds arrière en sabre dans le prolongement d'un dossier à planche orné de fleuron en X ou de fuseaux en arcature ;
— pieds avant galbés, en balustre côtelé, en console ;
— dossiers évidés, en ballon ;
— dossiers rectangulaires au sommet renversé.

### • *Les Fauteuils*

— accotoirs en bois terminés par une volute enroulée s'appuyant sur une pièce de bois rectangulaire, la reliant à un dé de raccordement ;

— pieds avant en console ;
— pieds arrière en sabre dans le prolongement du dossier ;
— dossiers renversés et enroulés en arrière ;
— supports d'accotoirs et pieds antérieurs en double console inversée ;
— fauteuils dits Voltaire à dossiers hauts et cambrés à la hauteur des reins ;
— pieds avant en balustre côtelé ;
— main de prise au sommet du dossier inclus dans un relief sculpté ;
— roulettes sous les pieds antérieurs.

## Tables et guéridons

— multiplication des meubles pratiques ;

*186.* Fauteuil en acajou à dossier cambré et haut.
Pieds avant en balustre côtelé.
Supports d'accotoirs en console.
Roulettes sous les pieds.
▼

*187.* Commode en acajou à trois tiroirs
séparés de traverses plus un quatrième tiroir
dans la ceinture en doucine.
Façade nue encadrée de moulures.
Entrées de serrures et boutons de tirage
en bronze hérités de l'Empire.
Dessus de marbre.
La forme générale est dérivée de l'Empire.
▼

▶
*185.* Chaise
en noyer massif
mouluré.
Dossier ajouré
en ballon.
Siège garni.
Pieds avant cambrés,
pieds arrière
en sabre.
Modèle type
d'une fabrication
industrielle
qui s'est poursuivie
jusqu'au début
du XX$^e$ siècle.

— guéridons à plateau chantourné ovale et pied central à bulbe godronné ;
— pieds en double balustre dit Jacob ;
— pieds en balustre côtelé ;
— pieds, simples ou doubles, reposant sur des patins reliés entre eux par une entretoise ;
— pieds sinueux, fortement galbés, avec tablette d'entrejambe ;
— pieds en cuisse de grenouille.

— pieds courts en trapèze évasé, fixés à un socle en plinthe ;
— multiplication des commodes-secrétaires et des commodes-toilettes : quatre tiroirs plats, le cinquième en doucine inversée, équipé de marbre pour la toilette ou de petits tiroirs-secrétaires ;
— absence de décor ;
— bronzes réduits aux seules poignées mobiles.

## Commodes
— commodes à façades plates avec trois tiroirs et traverses apparentes, un quatrième en doucine ;
— plateaux en marbre gris ou noir à double moulure ;

## Bureaux et secrétaires
— secrétaires hauts à abattant surmonté d'un tiroir dans la doucine, pieds courts, trapézoïdaux ;
— bonheurs du jour reposant sur des pieds en colonnettes réunis par une entretoise ;
— tablettes posées sur des consoles en volute.

◀

*188.* Table à jeu en acajou à double plateau. Piétement dit Jacob en double fuseau. Très caractéristique du Louis-Philippe.

*189.* Table à toilette à dessus de marbre. Pieds antérieurs en balustre tourné. Pieds postérieurs droits. Porte-serviette en double fuseau sur la face latérale.

▼

**Buffets, bibliothèques**

— vitrines et bibliothèques sont conçues selon le même schéma rectiligne d'un meuble à deux portes, souvent vitrées, surmonté d'une corniche en doucine ;
— les buffets sont, en général, bas, à deux portes, surmontés d'une étagère au fronton plus ou moins triangulaire ;
— création des armoires à glace à une porte.

**Lits**

— persistance des lits «bateau» à dossier enroulé ;
— apparition des lits droits aux chevets égaux ;
— montants en pilastres plats surmontés d'un motif découpé ;
— traverses inférieures rectilignes reliées aux montants par des panneaux en volutes ;
— premiers lits en fonte pleine d'inspiration romantique, souvent néo-gothique ou rococo.

## Les matériaux

Les bois sombres sont les plus recherchés : acajou flammé, noyer, palissandre, if. Les bois clairs servent aux incrustations et aux placages intérieurs. Les marbres, généralement gris ou blancs, parfois noirs, sont très utilisés sur commodes, secrétaires, tables de toilette. Apparition de la fonte moulée.

## Les créateurs

Chenavard, ornemaniste, puise dans le passé les différents ornements qu'il soumet à la mode. Son répertoire est riche. C'est lui qui donne le ton. Menuisiers, ébénistes et firmes de meubles produisent abondamment. Quelques noms demeurent dont Georges Alphonse Jacob (fils de Jacob Desmalter), Alexandre Louis Bellangé, Lemarchand et la firme Alphonse Giroux.

**Principales caractéristiques du style Louis-Philippe**

— lignes massives et amollies ;
— utilisation des bois sombres ;
— absence de décor ;
— moulurations simples ;
— pieds en console ;
— pieds Jacob ;
— pieds en trapèze évasé ;
— pieds en balustre ouvragé ;
— pieds en bulbe cannelé ;
— consoles en volutes ;
— piétements en colonnettes reposant sur des patins ;
— poignées de préhension au sommet des dossiers ;
— roulettes sous les pieds des sièges et tables.

# Le Napoléon III

190. Bas d'armoire à quatre portes en bois noirci. Des colonnes à chapiteaux corinthiens encadrent les portes et soutiennent un plateau en entablement. Des bronzes en applique soulignent les panneaux et les cannelures des colonnettes. Bouquets de mosaïque polychrome dans un médaillon sur les portes centrales. Interprétation dans le goût du Second Empire de la Renaissance.

191. Meuble d'appui s'ouvrant à deux vantaux. Deux tiroirs dans la ceinture. Sur la façade, décor de marqueterie de métal et d'écaille dans le goût de Boulle. Ajouts de nacre et de corne verte. Montants ornés de bronzes dorés en applique. Mascarons aux angles de la ceinture et au centre de la traverse inférieure. ▼

## L'époque

Entré dans l'histoire politique française presque par effraction, Louis-Napoléon Bonaparte, Président de la République, puis Prince-Président avant d'être Empereur, a orienté les destinées de la France de 1848 à 1870. Parti sur un échec, le désastre de Sedan, le personnage n'a pas, aux yeux des historiens, bonne réputation. Pourtant, le solde du règne ne paraît pas négatif. Dans l'euphorie et la bonne conscience, c'est la société industrielle qui, en réalité, s'est construite. Après le règne un peu sage de Louis-Philippe, la Cour Impériale veut briller de tout l'éclat de sa nouvelle grandeur. Si l'aristocratie de vieille date fait défaut, on y substitue une nouvelle génération fraîchement enrichie. Banquiers, industriels et spéculateurs occupent le haut du pavé. Un peu à l'écart, mais ostensiblement, les demi-mondaines mènent la danse. Le menu peuple est misérable. Une classe moyenne, petite bourgeoise, commence à s'installer dans l'aisance et la respectabilité. Jalouse de sa nouvelle position, elle prêche le conservatisme. Après Sedan, elle appuye Thiers pour réprimer l'ébauche d'une révolution prolétarienne. La Troisième République naît du sang de la Commune : le capitalisme s'installe.

Avec l'aisance vient le goût des plaisirs que l'on aimerait distingués. On rit aux vaudevilles et on s'enivre sur des airs d'Offenbach. On cultive les arts d'agréments, on se pique d'avoir «un joli coup de pinceau» et, religieusement, on va voir dans les Salons les grands du moment : Cabanel, Bouguereau, Gérome, Rosa Bonheur ou Winterhalter. Parallèlement, on raille les nouveaux peintres qu'on réunit en 1863 dans un «Salon des Refusés» mis en place par Napoléon III lui-même, par souci de libé-

*194.* Fauteuils confortables entièrement garnis et capitonnés. Les bois sont dissimulés. Pieds derrière une rangée de frange. A gauche, borne centrale recouverte d'étoffe, chapeautée d'une plante verte.

*192.* Guéridon d'acajou. Plateau ovale à ceinture mouvementée.
Piétement central en bulbe godronné s'écartant à sa base en quatre pieds courts à volutes inversées lointainement inspirées de la Régence.

*193.* Console en bois peint en noir rehaussé de fleurs polychromes avec ajouts de nacre. Plateau ceinturé d'un galbe mouvementé. Pieds en volutes affrontées. (Interprétation Régence).
Entretoise calquée sur les modèles Louis XIV. Au centre urne.

ralisme. Dix ans plus tard, les Impressionnistes se réclameront de ce Manet tant décrié.

Alors que la société industrielle modifie la structure sociale du pays, les villes changent aussi de visage. L'exode des campagnes commence, les agglomérations grossissent et se construisent, on transforme les autres métropoles déjà existantes : Haussmann entreprend d'édifier le Paris d'aujourd'hui, de larges artères irriguent le centre et facilitent les communications. Si l'urbanisme se conçoit comme moderne, l'architecture est résolument passéiste. C'est l'époque des églises néo-gothiques et des bâtiments administratifs pseudo-Renaissance. Quand le pastiche puise à toutes les sources à la fois, on obtient une architecture triomphaliste dont l'Opéra de Paris semble être le prototype et qui constitue, avec l'architecture métallique, le meilleur exemple du style Napoléon III.

## Le style

Y a-t-il un style Napoléon III ? Si oui, il ploye sous la diversité et sous les contradictions. Sinon, il y a une multitude de «styles» qui se juxtaposent durant cette période, se superposent parfois jusqu'à se retrouver sur le même meuble ou le même objet. Pourtant, derrière cet éclectisme triomphant, demeure un je-ne-sais-quoi qui trahit l'époque et en est le reflet. Déjà amorcé sous Louis-Philippe, l'engouement pour tous les styles antérieurs semble la règle avec le Second Empire. On ne cherche pas à créer des meubles nouveaux, mais «à retrouver» des styles qui sont successivement remis à la mode. Si l'époque gothique avait donné, déjà sous la Restauration, quelques motifs appréciés, elle est loin d'être délaissée sous Napoléon III. Les travaux de Viollet-le-Duc remettent le Moyen Age au goût du jour. Ogives et pinacles se retrouvent sur des meubles, en particulier des sièges, qui, n'existant pas au Moyen Age, ne sont que des extrapolations lointainement inspirées d'une époque.

Plus serviles, en revanche, sont les innombrables variations du style Renaissance, très à la mode, dont la tradition petite bourgeoise se retrouvera quasi inchangée, quoique encore plus abâtardie, dans le mobilier Henri II fabriqué et couramment diffusé jusque vers 1910. Les emprunts à la Renaissance sont divers et fantaisistes ; on en aime la profusion et le «luxe» et on n'hésite pas à faire quelques ajouts circonstanciels pour faire plus vrai ou pour satisfaire au goût du jour. Les sculptures, traitées le plus souvent mécaniquement, restent un peu sèches. Le décor ne va pas sans une certaine lourdeur, et les anachronismes ne font pas peur : des scènes historiques ou littéraires inspirent le décor, on peut retrouver ainsi, pêle-mêle, Saint-Georges terrassant le

*195. Secrétaire en pente surmonté de deux tiroirs, terminé d'une galerie de cuivre ajouré. Décor de métal incrusté, très caractéristique du Napoléon III. S'appliquait indifféremment à des formes et sur des meubles copiés des autres styles. Ici, mélange hybride de Louis XV et de Louis XVI.*

*196. Chiffonnier à six tiroirs en poirier noirci incrusté de cuivre. Piétement en plinthe au profil légèrement découpé. Ceinture en doucine inversée. Interprétation Régence d'une structure plutôt Louis XV.*

dragon, Roméo et Juliette ou Jeanne d'Arc dans l'iconographie des portes de buffet. Traduisant bien le goût historiciste du Second Empire, les sources d'inspiration ne se sont pas limitées à une seule époque, mais ont successivement (ou simultanément) épuisé tous les styles antérieurs qui ont ainsi, plus ou moins, servi de modèle. Au Louis XIV, on a pris les meubles Boulle avec leurs incrustations de cuivre ou d'écaille, et aux meubles Louis XV, leurs courbes sveltes et élancées : c'est le Louis XV-Pompadour. Le Louis XVI, qu'aime passionnément l'Impératrice Eugénie, fut, lui aussi, largement mis à contribution. Mises à part les copies «impériales» des meubles de Riesener plus «vraies» que les vrais, les interprétations du Louis XVI empruntent, avec liberté, au style ce qu'il a en lui de plus féminin. C'est son côté Marie-Antoinette avec plissés et rubans qui est retenu. Dits Louis XVI-Impératrice, ces meubles se sont répandus dans toutes les couches de la société.

S'ils s'inspirent de ces différents styles, les meubles Napoléon III le font avec approximation. Le goût «antiquaire» qui sévira fortement dès le XXe siècle, ne caractérise pas encore l'époque. Aux meubles d'époque, vieux, on préfère encore, sauf pour certaines pièces exceptionnelles, des interprétations neuves, plus conformes à la fois au goût de l'époque et à l'image que l'on se fait d'un style.

Destiné à une société enrichie qui veut briller et séduire, le mobilier Napoléon III (et le décor qui va avec) veut avant tout paraître. La richesse de l'ornementation tient lieu de qualité, la sobriété étant, à l'époque, synonyme de pauvreté. Le goût marqué pour les bois noirs (ébène ou, plus souvent, poirier noirci) avec incrustation de cuivre (technique héritée des meubles «Boulle» mais que l'on retrouve tout aussi bien dans des meubles de «style» Renais-

*197.* Causeuse à trois places, dite aussi «indiscret», en bois doré. Sièges et dossiers garnis de capitons. Montants rocaille aux formes très tourmentées. Roulettes sous les pieds. Création Napoléon III, de style Louis XV.

*198.* Canapé à deux places en carton bouilli peint de bouquets polychromes. L'éclectisme est total : montants tournés en spirale (Louis XIII), dossier en médaillon (Louis XVI). Accotoirs et supports d'accotoirs sinueux (Louis XV). Ceinture plate ornée de motifs Régence. Cul-de-lampe d'inspiration Régence. Pieds cambrés Louis XV.

sance, Louis XV ou même Louis XVI) est, sur ce point, caractéristique. Tout comme est caractéristique le succès des bois dorés.

Les énormes progrès de l'industrialisation et la mécanisation de la production changent aussi considérablement le marché. Pour répondre aux besoins d'une couche sociale nouvelle avide de considération, l'industrie produit mécaniquement des meubles aux décors qui se veulent raffinés. Pour abaisser le prix de revient, on fait appel à de nouvelles découvertes, on dore les bronzes par galvanoplastie, on remplace l'argent par le ruolz, on utilise les contre-placages pour éviter au bois de jouer. Ces nouvelles techniques, fortement encouragées par l'Empereur lui-même, n'ont pas toujours bien vieilli. Si l'utilisation de la scie mécanique se perçoit dans la sécheresse du tracé, celle de la galvanoplastie, plus redoutable, est responsable de la mauvaise conservation de ces bronzes aujourd'hui dédorés.

Apparemment sans limite, l'esprit plagiaire du Second Empire a également franchi les frontières. Sans doute sous l'influence de l'Angleterre, à la mode elle aussi, on s'entiche une fois de plus de l'Extrême-Orient et de ses meubles. Bambou et rotin tressé, déjà introduits à cette époque, répondent également à ce besoin d'exotisme.

En dépit de tous ses emprunts, le style Napoléon III reste néanmoins caractéristique. Sa désinvolture face à une histoire qu'il vénère et une exigence accrue quant à son «image de marque» et à son confort, constituent en quelque sorte ses références. En cette seconde moitié du XIXe siècle, on recherche avant tout l'aise. Même s'ils sont somptueux, les décors doivent se faire intimes. D'où cette profusion de petits meubles qui sont toujours à portée de main pour rendre tel ou tel service. Travail-

leuses, tables à jeux, tricoteuses et sièges volants se répartissent un peu partout dans les pièces. Guéridons et fauteuils encombrent l'espace. On invente des sièges : les «vous-et-moi» à deux places face à face, et les indiscrets, à trois places, servent à la conversation en aparté alors que la borne centrale permet de s'asseoir sous l'ombre d'un grand palmier. Le tout est noyé sous le capiton et les franges. Le tapissier règne en maître dans l'ameublement. Comme le décor est conçu pour servir et qu'il bouge, on fixe sous les pieds de petites roulettes de bronze pour en faciliter le déplacement.

De cette exigence du confort et de son penchant pour la frivolité, sont nés les meubles les plus caractéristiques de l'époque ornés de bouquets polychromes souvent incrustés de nacre. En poirier noirci ou en carton bouilli (la technique vient d'Angleterre), le Second Empire nous a légué une multitude de chaises, fauteuils, guéridons, travailleuses ou jardinières de ce genre qui constituent certainement ce qui reste de plus apprécié dans cette époque remarquable par l'inflation de ses possibilités.

◀
199. Chaise légère en poirier noirci avec rehauts de peinture dorée et de nacre. Pieds légèrement cambrés. Poignée de préhension au sommet du dossier. Siège capitonné.

◀
200. Fauteuil à la Reine à dossier carré plat garni. A l'intérieur médaillon lui-même garni. Pieds cannelés en spirale. Ceinture, encadrement du dossier, accotoirs et supports d'accotoirs entièrement travaillés. Interprétation Second Empire du Louis XVI.

◀
201. Petite chaise volante en poirier noirci rehaussé de nacre et d'or. Le dossier en médaillon ajouré, typique du style, permet des variations infinies et très imaginatives du décor. Bouquet de fleurs polychrome au centre du dossier et sur la ceinture. Siège garni de velours.

◀
202. Table travailleuse en poirier noirci rehaussé d'or. Pieds tournés en spirale, réunis deux par deux à un piétement en patin. Traverse centrale tournée. Pendentifs en toupies aux angles. Le tout évoque de loin le Louis XIII/ Henri II. Sur le plateau, cave à cigares.

# Les meubles

## Les sièges

● **Les Chaises**

— de style «Renaissance» : pieds en bois tourné ou en balustre ; dossier encadré de colonnes parfois surmontées d'une toupie ;
— de style Louis XV : pieds fortement galbés, épais et mollement moulurés ; souvent associés à des dossiers Louis XVI en médaillon ;
— de style Louis XVI ;
— nombreuses variétés de chaises légères, chaises volantes en poirier noirci ou en carton bouilli ;
— dossier en médaillon incrusté de nacre ou peint de motifs dorés ;
— dossiers en fuseaux fins ;
— chaises gondoles en carton bouilli à décor de fleurs polychromes ;
— pieds et dossiers cordiformes.

● **Les Fauteuils**

— tous les pastiches des fauteuils des styles précédents ;
— souci d'éclectisme et mélange des styles entre eux ;
— apparition des pieds courts, galbés ou droits ;
— poignée de préhension au sommet du dossier ;
— importance du rembourrage, des capitons et de la passementerie ;
— accotoirs équipés de manchettes importantes ;
— fauteuils Voltaire à dossier haut, parfois inclinable ;
— fauteuil crapaud entièrement capitonné.

## Tables et guéridons

— nombreux modèles de tables à usage

*205.* Meuble d'appui à une porte.
Façade et côtés galbés.
Décor riche sur bois noirci.
Bouquets polychromes de fleurs au naturel dans un médaillon.
Côtés également décorés.
Ceinture décorée et soulignée de bronzes.
Angles ornés d'entrelacs et de feuilles d'acanthe.
Bas du meuble en plinthe, pieds aplatis.
Plateau ceinturé d'une baguette de cuivre.
▼

spécifique : tables à jeux, tables à toilette, tables à thé, travailleuses, jardinières, tables à volets ;
— adaptation des styles antérieurs à des modèles nouveaux ;
— mélange des styles ;
— engouement pour les pieds cambrés, torsadés,

*204.* Fauteuil en acajou de formes mouvementées héritées (de loin) du Louis XV. Les moulures sont profondes. Le dossier élevé et cambré est caractéristique du XIX$^e$ siècle. (Garniture moderne).
▼

◄ *206.* Chaise gondole en carton bouilli noir, rehaussé d'or, de nacre et de peintures polychromes. Dossier mouvementé enveloppant. Siège canné. Piétement massif. Pieds avant cambrés, pieds arrière en sabre.

cannelés, associés à des bois d'ébène ou de poirier noirci ;
— guéridon circulaire à plateau abattant et piétement central tripode ;
— tables et guéridons décorés de motifs floraux polychromes avec rehauts de nacre.

### Commodes
— essentiellement des copies des commodes Louis XVI ;
— aux commodes, on tend à préférer les petits meubles d'appui ;
— grande faveur de ces meubles à une ou deux portes, traités dans la manière de Boulle ;
— engouement pour les meubles noirs décorés de gros bouquets polychromes.

### Secrétaires et bureaux
— secrétaires en pente, parfois surmontés de tiroirs, terminés par une galerie de cuivre ajouré, pieds galbés Louis XV, traités en bois noir rehaussé d'une fine marqueterie de cuivre ;
— copie des secrétaires hauts Louis XV.

### Armoires, buffets, bibliothèques
— bibliothèques vitrées et armoires façon Boulle ;
— buffets, dessertes néo-Renaissance ;
— armoires à glace Henri II ;
— abondance du décor.

### Lits
— néo-Louis XVI, néo-Renaissance, néo-Rocaille ;
— baroque, en bois noir peint de bouquets polychromes.

## Les matériaux

Les plus divers : préférence pour les placages d'ébène ou, plus modeste, le poirier noirci. Engouement pour les placages avec incrustations d'écaille, de cuivre... à la manière de Boulle.
Redécouverte du bois de rose, des bois dorés. Défaveur de l'acajou. Abondance des bronzes dorés et des bois peints polychromes. Bambou, rotin, vannerie et carton bouilli sont d'un emploi courant.

## Les créateurs

La production industrielle du mobilier tend à lui donner un certain anonymat. Quelques noms de fabricants de meubles plus luxueux restent néanmoins encore connus. Parmi ceux-ci, on peut noter : Jeanselme (qui a repris l'affaire de Jacob), Grohé, Fourdinois, Bourdeley, Tahan, Sormani.

### Principales caractéristiques du style Napoléon III
— éclectisme des formes ;
— mélange des styles ;
— abondance du décor ;
— utilisation des bois noirs soulignés d'un filet de laiton ;
— bouquets polychromes sur fond noir ;
— marqueterie de métal en fleurettes ou en étoiles ;
— marqueterie d'écaille, de laiton ou de bois contrastés dans le goût de Boulle ;
— dossiers de chaises ajourés avec motif découpé ;
— sièges capitonnés.

# *Le modern style*

## L'époque

Née de la chute du Second Empire, cette époque qualifiée de belle, a vécu sous une République, la troisième, qui n'a dû qu'à un hasard de n'être pas une nouvelle restauration monarchique. L'époque paraît paradoxale. Bénéficiant d'une grande stabilité monétaire, elle connaît néanmoins de grandes secousses sociales et des idéologies mouvementées. L'industrialisation, déjà amorcée, s'amplifie. La bourgeoisie devient une force de plus en plus importante qui fonde sa morale sur un profond immobilisme des structures sociales. On cultive l'esprit de rentier. Pas belle pour tout le monde, la Belle Epoque met néanmoins réellement sur pied les premiers mécanismes du libéralisme. Face à la crise, le sentiment national et l'esprit revanchard réuniront dans un semblant d'euphorie toutes les classes pour affronter ce qui sera le premier grand conflit mondial. Alors meurt sous les assauts de la Grosse Bertha, la Belle Epoque qui s'enterre dans les tranchées. Foncièrement conservatrice, cette époque n'a, qu'à la longue, digéré la première révolution picturale de l'art moderne : l'impressionnisme. Très vite, le dogmatisme de ces peintres de plein air a été récupéré et détourné dans des arrière-pensées littéraires : à la liberté de la palette enfin redécouverte, on a voulu donner un discours profondément idéaliste, voire onirique. Sur tous les plans, musical, pictural et littéraire, le Symbolisme est la grande affaire de cette fin de siècle.

▲
*207.* Buffet de salle à manger à deux corps avec niche centrale. Les montants, torturés et traités avec souplesse, sont néanmoins les éléments forts du meuble. Des arcs-boutants en oblique tempèrent la verticalité de l'ensemble. Les moulures des portes ont le même effet et semblent agiter l'ensemble comme sous un souffle. Les portes du corps supérieur sont vitrées. Vitraux colorés et décorés d'épis de blé aux angles.

*208.* Chaise en noyer à dossier ajouré orné d'ombellifères mouvementées. Pieds arrière et dossier dessinent une même ligne, continue et sinueuse. Pieds avant cannelés.

*209.* Chaise à dossier et siège garnis. Le dossier est néanmoins ajouré. Pas d'ornementation mais des moulures qui semblent étirer les lignes amollies du dossier et de la ceinture. Pieds légèrement infléchis, s'amincissant vers le bas.
▼

# Le style

Le conformisme inhérent à la bourgeoisie qui a pris le pouvoir durant le XIX$^e$ siècle se manifeste toujours après le Second Empire. Les arts décoratifs de cette époque sont encore placés sous le signe du plagiat. La salle à manger Henri II, le salon Louis XVI et la chambre à coucher Rocaille en hêtre plaqué constituent l'essentiel du mobilier. Dans ce contexte pourtant, une réaction surgit qui se veut totalement originale et entend surtout ne rien devoir aux styles du passé. Si le succès de l'Art Nouveau a paru exploser au tout début du siècle (la grande exposition internationale de Paris en 1900 a certainement officialisé et contribué à répandre le nouveau style), il est en réalité né d'une évolution très lente qui s'est manifestée durant le dernier quart du XIX$^e$ siècle.

Séduit par les théories de Ruskin et ami des préraphaélites avec lesquels il a travaillé, William Morris, qui a ouvert en 1861 un magasin à Londres où l'on vend tout ce qui touche à l'installation intérieure, lutte ouvertement contre l'académie historiciste alors en vigueur. Il propose à sa clientèle des papiers peints, des étoffes et aussi des meubles où les décors floraux annoncent déjà ce qui caractérisera la mode 1900.

A la même époque en France, Viollet-le-Duc, architecte de l'Empire, s'intéresse à l'art gothique qu'il restaure avec des moyens grandioses et parfois irrémédiables. Se penchant sur cette architecture de tension qui s'appuie sur des arcs-boutants et s'intéressant au mobilier qui va avec, il fait paraître un «Dictionnaire Raisonné du Mobilier Français de l'Epoque Carolingienne à la Renaissance». Se démarquant du classicisme, certains éléments de

*210.* Lit en bois précieux avec incrustations de nacre et cristal.
Tête et pied de lit franchement moulurés.
Important décor de papillon de nuit et d'éphémère sur fond de paysage.
▼

*211.* Fauteuil d'acajou.
Siège, dossier et accotoirs garnis de peluche.
Les lignes brisées, simplement moulurées,
des pieds évoquent des arcs-boutants.
La ligne est néanmoins continue.

l'œuvre de Viollet-le-Duc ne sont pas sans évoquer déjà quelques aspects du Modern Style.

A cette amorce de détachement vis-à-vis de l'art classique, s'ajoute un goût marqué pour l'orientalisme et les meubles mauresques que la colonisation algérienne remet à la mode. De même l'art japonais que les impressionnistes découvrent à travers les estampes influencent les créateurs et participent à la nouvelle esthétique.

Pourtant, en dépit de ces éléments annonciateurs, le Modern Style, appelé aussi Art Nouveau (expression que reprendra et vulgarisera une célèbre boutique parisienne dirigée par Bing pour diffuser ce type de production) apparaît bien comme une complète rupture dans la production antérieure. Une rupture d'autant plus vivement ressentie que, sciemment, les créateurs du nouveau style veulent totalement se démarquer de tous les styles qui les ont précédés. Si les courbes y abondent, constituant même le trait dominant du style, elles n'ont que peu de rapport avec celles rencontrées jadis dans le mobilier Louis XV. Sinueuse, échevelée, alanguie, la ligne parcourt dans un même tracé l'ensemble du meuble. Le décor fait totalement corps avec lui. Parcouru de vagues ondoyantes, il représente des fleurs ou des tiges s'enroulant le long du tracé. Il s'inspire de la flore, de la faune et des femmes aux chevelures érotiques.

«Mon jardin est ma bibliothèque», disait Louis Majorelle, un des «grands» ébénistes de cette époque. Monet a presque dit la même chose de sa maison de Giverny. C'est dire si la nature et l'inspiration qu'elle suscite est importante pour l'esthétique 1900. Tout ou presque semble né d'elle. Mais, ces fleurs se sont libérées des bouquets et des guirlandes où l'art décoratif les avait mises jusqu'alors. Elles s'échappent en longues tiges sinueuses couronnées d'une hampe florale. On aime les fleurs mystérieuses, aquatiques. Les algues, les nénuphars ou les iris sont des sujets de choix. La faune évoque aussi l'étang, libellules et papillons participent au décor. Mais la liste n'est jamais limitative : l'imagination est au pouvoir. Les ombelles ont la grâce des

*212.* Guéridon à plateau en trèfle décoré de marqueterie à motif floral. Pieds légèrement infléchis. Plateau d'entrejambe triangulaire marqueté d'un feuillage de houx.

jeunes filles en fleurs et les lys semblent sortis des tableaux de Levy-Dhurmer, ou de Jean Deville, pour orner fauteuils ou bibliothèques. Le symbolisme triomphe partout, en littérature, en musique, en peinture et dans l'art décoratif. L'impact de l'Art Nouveau (nouveau parce qu'il refuse la référence au passé) s'étend en quelques années dans toute l'Europe, de Londres ou Glasgow à Bruxelles (le rôle des architectes Horta et Van de Velde est déterminant), Berlin, Moscou ou Barcelone. En France, l'Art Nouveau se manifeste d'abord à Nancy où un maître verrier, Gallé, produit d'étranges vases en pâte de verre au décor floral étonnant. C'est un architecte, Hector Guimard, qui implante le nouveau style à Paris. Mais tous les architectes ou artisans conçoivent le décor dans un ensemble et créent tout ce qui s'y rapporte. Tous également considèrent ce nouveau style comme une résurrection de la création endormie jusque-là dans un art de copiste. Tous, enfin, veulent en faire un art pour tous, qui se double d'arrière-pensées sociales.

L'Art Nouveau est pourtant resté un art d'élite et qui a finalement peu produit. Ses qualités sont celles de l'imagination et de la perfection d'un décor exubérant. Sculptures et marqueteries y sont abondantes sans jamais paraître surajoutées tant elles font corps avec l'esprit même du meuble. Si les structures semblaient disparaître sous ces courbes échevelées, elles existent néanmoins bel et bien et révèlent d'audacieuses constructions souvent fondées sur l'asymétrie et le porte-à-faux. L'ensemble paraît plus organique que géométrique. Les courbes n'y sont pas régulières mais se font et se défont en spirales, méandres, volutes ou «en coup de fouet». Le style est parfois pesant dans son emphase symboliste ou dans sa mollesse mais il laisse transparaître une virtuosité pleine de fougue.

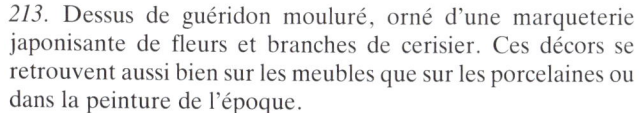

*213.* Dessus de guéridon mouluré, orné d'une marqueterie japonisante de fleurs et branches de cerisier. Ces décors se retrouvent aussi bien sur les meubles que sur les porcelaines ou dans la peinture de l'époque.

# Les meubles

## Les sièges

### • Les Chaises
— pas de lignes droites, mais des tracés qui paraissent très étirés ;
— les dossiers, souvent ajourés, sont ornés de fleurs sculptées, de lianes entrelacées ou de courbes entrecroisées ;
— les sièges proprement dits, légèrement rembourrés et recouverts d'étoffe, ont une structure carrée légèrement arrondie ;
— les pieds, souvent en sabre, s'ornent de motifs floraux ;
— les pieds arrière sont dans le prolongement du dossier.

### • Les Fauteuils
— hauts sur pied ;
— dossiers, pieds avant et arrière, accotoirs et ceintures sont conçus selon un tracé linéaire continu et irrégulier ;
— structures en bois laissées visibles ;
— intérieurs garnis de cuir ou d'étoffe ;
— décors sculptés : floral ou en liane ;
— importance des courbes et des obliques. Refus de l'angle droit.

## Les tables et guéridons
### • Les Tables à manger
— plateaux généralement épais, profondément moulurés ;
— rectangulaires ou carrés, les bords en sont néanmoins moins arrondis et les angles coupés. Peu de plateaux circulaires ;

▲
*214.* Meuble de rangement avec commode, penderie et vitrine. La structure est totalement asymétrique et joue sur des porte-à-faux très osés. Décor de lianes.

◀

*215.* Bureau plat surmonté d'une étagère à tiroirs. Les formes sont accidentées, sculptées, et donnent une idée très végétale. Bronzes en applique aux angles et le long du bureau représentant des orchidées.

*216.* Guéridon en acajou et tamarin. Plateau supérieur trilobé en forme de nénuphar. Pieds ornés de bronze évoquant aussi la plante aquatique. Tablette d'entrejambe posée sur une entretoise partant de la base des pieds.

▼

— pieds importants, aux angles, reliés entre eux par des entretoises en H ou reliés à des pieds centraux ;
— tracé complexe de ces pieds.

• *Les Petites Tables et les Guéridons*

Guéridons, tables volantes, sellettes, tables gigognes, travailleuses sont les meubles favoris du modern style. C'est à travers ces petites pièces que se manifestent le plus l'intervention du style. Très imaginatives, leurs formes sont des plus variées et une tentative de description globale de ce type de meuble s'avérerait vaine. Certains éléments paraissent néanmoins significatifs :

— importance du thème floral traité d'une manière globale ;
— plateaux à la géométrie irrégulière, en forme de pétale, de feuille ou de fleur ;
— utilisation de plusieurs plateaux superposés ;
— pieds sinueux ;
— plateaux marquetés ou pyrogravés de motifs floraux.

## Les commodes

Meuble par définition très structuré, la commode ne s'est pas prêtée à une interprétation modern' style. Les exemples en sont trop rares pour être pris en considération.

## Les bureaux et secrétaires

— absence de secrétaires hauts à abattants ;
— bureaux plats au tracé sinueux et irrégulier ;
— piétements asymétriques avec des traverses obliques ;
— tiroirs latéraux sous le plateau.

**Armoires, buffets, bibliothèques**

— imposants et faisant généralement partie d'un ensemble ;
— montants épais, sinueux, profondément moulurés ;
— buffets à deux corps séparés par une niche centrale ;
— alternance d'éléments vitrés et d'éléments pleins ;
— utilisation de l'asymétrie et des portes-à-faux.

**Les lits**

— têtes de lits plates au périmètre très tourmenté ;
— découpes sinueuses végétales ;
— pieds de lit plus bas mais de même structure ;
— parfois richesse du décor, évocation de la faune ou de la flore.

◄ *217.* Piétement de guéridon en forme de libellule.

## Les matériaux

Le 1900 marque une certaine préférence pour les bois massifs. Poirier naturel, noyer, chêne sont fréquemment utilisés. On rencontre aussi l'acajou et le palissandre. D'autres matières ont également la faveur : le fer forgé, le bronze brut. Les verres, pâtes de verre, vitraux divers ainsi que la céramique entrent parfois dans la composition des meubles.

## Les créateurs

Les vrais créateurs du Modern Style ne sont apparamment devenus des professionnels du meuble que pour continuer une œuvre élaborée ailleurs. Les plus célèbres sont, en effet, architectes comme Guimard, Selmersheim, Horta et Van de Velde (architectes belges), Gaudi (architecte espagnol), Mackintosh (architecte écossais) ou maîtres verriers (comme Gallé, Gruber ou Tiffany). Sous l'impulsion de Gallé et Daum à Nancy, s'est créée une véritable école où des ébénistes comme Majorelle, Vallin travaillent dans un même esprit. Sculpteurs, décorateurs, dessinateurs participent également au style et proposent des meubles. On note ainsi les noms de Carabin, Grasset, Colona ou Georges de Feure parmi les créateurs de ce style.

**Principales caractéristiques du style 1900**

— sinuosité du tracé ;
— décor floral abondant : ombellifère, gui, nénuphar, lierre, orchidée, lys, iris, glaïeul sont traités au naturel ;
— courbes en «coup de fouet» ;
— abandon de la géométrie et de la symétrie ;
— paysages, bouquets, scènes champêtres marquetés.

# *Le 1925*

*218.* Guéridon rond recouvert de parchemin. Pieds fuselés terminés par des sabots de métal.

## L'époque

On a dit l'époque folle. Une manière sans doute de qualifier la frénésie qui s'empare d'elle au sortir du premier grand cataclysme international. Les rescapés de cette guerre enterrée, qui ont vécu dans l'absurde et l'usure d'un temps interminable, entendent rattraper le temps perdu. Le phénomène est classique. Essoufflée, bouleversée, la société a subi, en quatre ans de conflit, des changements radicaux et irrémédiables. Des fortunes colossales se sont élaborées pendant les hostilités faisant basculer un ordre traditionnellement établi et rendant fragile un équilibre que, de plus, la révolution russe, réputée contagieuse, risquait bel et bien de briser. Parallèlement, une frange intellectuelle importante professe une remise en cause globale des valeurs bourgeoises : dada fait éclater irrévérencieusement les idées reçues. Ayant digéré les leçons du cubisme de Picasso et Braque, l'art abandonne la figuration avec Mondrian, Malevitch, Rodtchenko, et Kandinsky. Avec Arnold Schonberg, la musique devient atonale puis dodécaphonique. Ces mouvements profonds touchent d'abord ce qu'il est convenu d'appeler une avant-garde puis lamine plus profondément encore une société nouvelle qui entend ne pas vivre comme ses parents, découvre les délices du progrès, le vertige de la vitesse et les séductions de la modernité.

Lindbergh traverse l'Atlantique, Joliot-Curie «découvre» l'atome et Einstein la relativité. C'est dans ce climat où les femmes s'émancipent et, comme dit la chanson «se font couper les cheveux», que se crée un style neuf où se conjuguent et s'affrontent le sage équilibre de la tradition, le «chic» élégant d'un luxe inouï et les rigueurs catégoriques du fonctionnalisme.

*219.* Petite table à thé en laque. Plateau carré à pans coupés. Pieds rectilignes, en angle.

*220.* Bureau de dame en ébène de macassar hérité des dos d'âne. Volet articulé encadré d'incrustations d'ivoire. Pieds fuselés en pied de biche rehaussé d'un filet et de sabots d'ivoire.

# Le style

Le style 1925, nommé aussi Art Déco (en référence à la grande exposition des Arts Décoratifs de 1925 qui contribua à son succès et à son officialisation), paraît être né d'une réaction vive contre l'exubérance du style précédent. Aux formes amollies d'inspiration végétale et des décors naturalistes qui s'y plaquent, on a opposé des lignes nettes, sobres, amples et souvent bien dessinées. On les a voulues à la fois modernes et «fidèles» à une tradition avec laquelle les ébénistes voulaient ouvertement renouer, celle des meubles du XVIII$^e$ siècle.

Avec le recul (bien mince) du temps, la réalité paraît plus complexe. Plusieurs courants se superposent dans ces années 20/30 et font de ce style, un style divers et parfois contradictoire. Schématiquement, on peut presque retenir trois tendances parallèles qui n'ont en commun qu'un refus pour tout ce qui rappelle le Modern Style.

Les trois styles se sont, en fait, juxtaposés et contredits. L'un fait simplement appel à une modernisation des styles précédents. L'autre, typique de l'art déco, déployant un luxe étonnant, a été créé par des ébénistes cherchant à rivaliser avec la qualité des meubles du XVIII$^e$ siècle. Le troisième, enfin, le plus radical et le plus moderne, qui se voulait un style purement fonctionnel, est né de l'industrie et a été conçu pour une économie de masse. Dessinés par des architectes, imaginés par des artistes théoriciens, ces meubles utilisant souvent le tube chromé comme armature, prêchent l'économie des moyens, la rigueur des lignes et l'abandon de toute ornementation.

De la première catégorie dépendent tous ces meubles, aux placages incertains, qui, sombrant dans le bon marché, ont rempli les catalogues de toutes les maisons de meubles. Les formes reprennent, en les «modernisant», celles des meubles traditionnels d'une clientèle souvent soucieuse de modération. On retrouve les buffets à deux corps, les armoires à glaces et les chaises à dossiers en médaillons que l'on a déjà vus traités soit sous le mode Henri II à la fin du XIX$^e$ siècle, soit avec un arrière-goût Modern Style dans les années 10. Les formes sont néanmoins plus nettes, plus droites. Les façades restent relativement dépouillées. Seuls des bronzes en fronton ou aux encoignures ornent l'ensemble. Des sculptures en méplat apparaissent aussi. Les fleurs, en bouquets, en corbeilles ou en guirlandes et les «inévitables» roses stylisées et géométrisées constituent le principal sujet d'inspiration.

Les meubles d'ébénistes font, quant à eux, preuve de plus d'invention et constituent un des aspects les plus marquants du style Art Déco. Ils se caractérisent par une simplification des lignes et des formes qui se veulent élégantes, nues et élancées. Sans doute influencée par l'esthétique cubiste issue des peintures de Picasso, Braque, Lhôte ou Gleize, par l'art nègre que ces mêmes peintres ont mis à la mode, et par les premiers balbutiements de l'art abstrait géométrique, ils poussent parfois le dépouillement jusqu'à un géométrisme absolu. L'angle droit est parfois adopté comme règle stricte de construction. Les surfaces de bois verni sont nues, lisses, simplement encadrées d'un filet d'ivoire ou de métal. Buffets bas, fauteuils clubs, pratiquement orthogonaux, ont abondé à la fin des années 20. Les lignes courbes n'ont néanmoins jamais été abandonnées, mais elles semblent adoucies, parcourant le meuble dans son ensemble. Souvent un peu trop graciles, ou au contraire, juste un peu trop lourdes, ces lignes paraissent toujours fondées

*221.* Fauteuil réduit à une simple structure
en tube de métal laqué.
Pieds, accotoirs, dossier
sont conçus avec le même tracé linéaire.
Le siège proprement dit est garni de cuir.

sur une schématisation du tracé. A cette simplification du corps du meuble, semble se lier, comme pour en démentir le propos, un soin extrême de la qualité et du décor. Les matériaux utilisés sont luxueux et traités avec un souci de la qualité et des finitions évident. Les contrastes de matière sont au goût du jour. On innove quant à leur utilisation. Bois, laque, parchemin, ivoire, pierre dure et métal (de préférence blanc) se rencontrent couramment sur les meubles de qualité.

Les meubles d'architectes sont plus radicalement nouveaux. Ils se veulent conçus sur une idée très fonctionnaliste du beau, héritée des théories productivistes russes et du Bauhaus allemand. Les impératifs d'une fabrication industrielle, l'économie radicale des formes, la simplification extrême des éléments du meuble et la disparition de l'ornement amènent le mobilier à se réduire à sa seule structure. Le tube chromé et courbé est l'élément le plus caractéristique de ces meubles «fonctionnels». Il sert de piétement et de support aux sièges, canapés et tables. Le cuir, la toile tendue et le bois contrecollé et mis en forme servent de complément à son élaboration. Révolutionnaires à l'époque, ces meubles industriels ont été d'abord dénigrés (on parlait de style hôpital) puis se sont quelque peu répandus dans le courant des années 30 (parfois sous la forme de plagiat) avant d'être systématiquement réédités après la deuxième guerre mondiale. Sévères mais rigoureux, leur beauté vient surtout de l'intelligence de leur dessin.

*222.* Bureau en métal laqué à piétement tubulaire chromé.
Tiroirs latéraux séparés du plateau recouvert de cuir.
Deux tiroirs dans la ceinture.
Réceptacle à menus objets dans le plan de travail.

◀
*223.* Fleurs stylisées et géométrisées en bouquet. Décor en incrustation d'ivoire sur fond de loupe de noyer. Hérités du cubisme, de tels motifs se sont vulgarisés et ont donné les roses géométriques sculptées en méplat sur les meubles les plus courants.

# Les meubles

## Les sièges

● *Les Chaises*
— dossiers souvent en bois, rectangulaires, légèrement cintrés, en gondole ;
— pieds :
en fuseaux cannelés ;
en pieds-de-biche fuselés, stylisés ;
en tube, à structure continue avec le siège et le dossier en cuir, contre-plaqué, moulé ou sanglé.

● *Les Fauteuils*
— cabriolets, dits souvent bridges : mêmes caractéristiques que pour les chaises ;
— fauteuil club, d'origine anglaise, bas et profond, de forme géométrique, cubique ou cylindrique, aux accotoirs, pleins ou évidés, droits ou courbes, et qui relient la ceinture, au ras du sol, au dossier du fauteuil.

## Tables

● *Tables à manger*
— de forme géométrique : elles sont rondes, rectangulaires, carrées ;
— les plateaux sont souvent soulignés d'une large ceinture ;
— ils sont en bois, en marbre ou en dalle de verre ;
— en plus des pieds droits, en fuseau ou en tube, apparaissent les fûts centraux massifs et, plus linéaires, les piétements en demi-cercle.

● *Petites tables et guéridons*
— tables basses, tables à thé, tables à jeu, tables de bridge.

▲
*224.* Chaise en laque à dossier renversé et pieds fuselés en pied de biche. Garniture cuir.

◀
*226.* Fauteuil à structure cubique dit fauteuil club.
Presque entièrement garni.
Seuls les montants avant sont apparents,
et réunissent dans une même verticale
supports d'accotoirs et pieds très courts.
Ils sont en palissandre et métal.

Les variétés en sont multiples et font, elles aussi, appel aux mêmes lignes générales du style. Certaines sont néanmoins caractéristiques de l'époque : en particulier les tables à plusieurs plateaux et les tables rectangulaires à pans coupés et à pieds droits.

### Les commodes

— relativement peu répandues ;
— façades plates à trois tiroirs, pieds courts ;
— plateaux en marbre ou en bois, légèrement en retrait ;
— façades légèrement galbées, pieds fuselés, droits ou à la «Ruhlmann», galbés et élancés.

*227.* Bureau en métal et bois.
Plans articulés à différents niveaux.
Piétement métallique.
▼

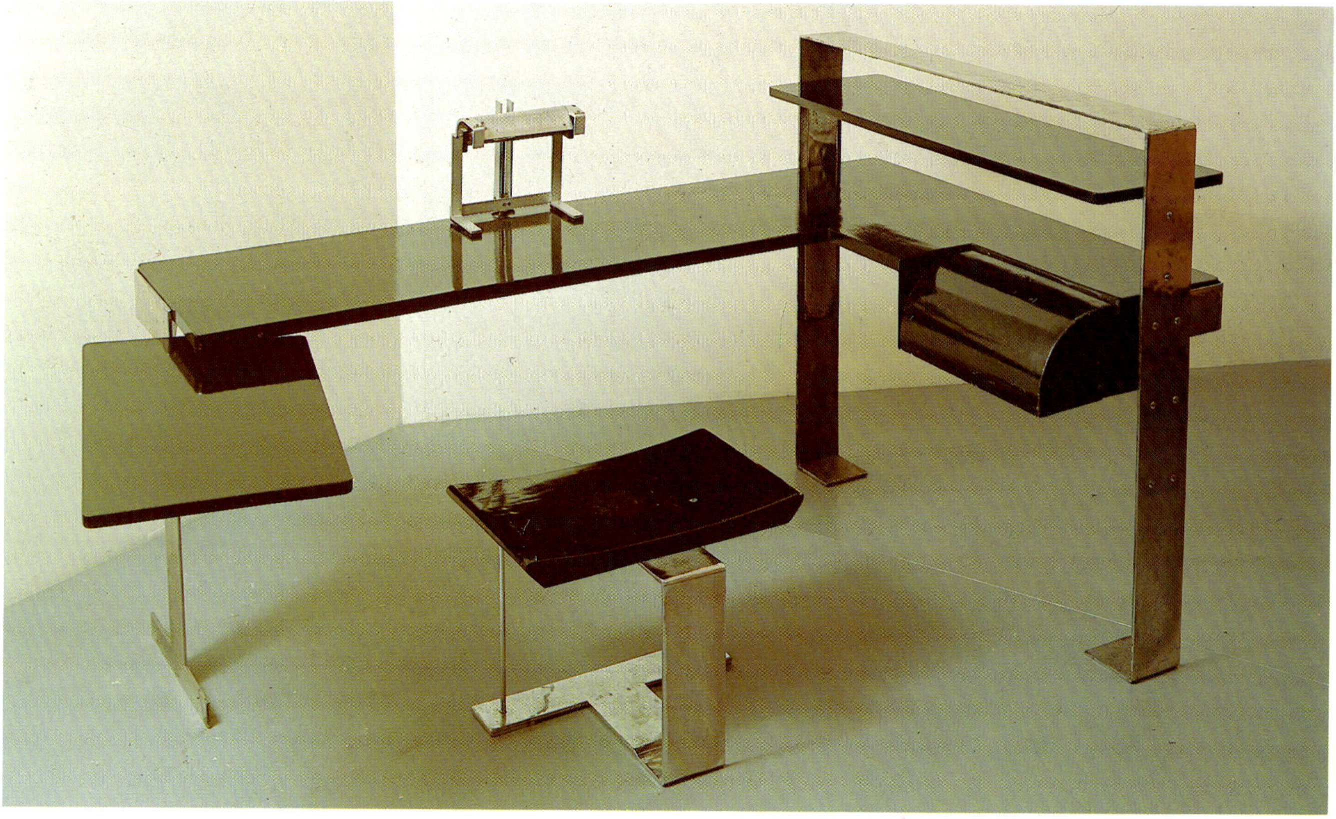

*228.* Fauteuil cabriolet à accotoirs courbes garnis.
Dossier médaillon sans bois apparent.
Pieds et supports d'accotoirs
d'un seul tenant en fuseau cannelé.

### Les bureaux et secrétaires

— les secrétaires hauts sont construits comme les commodes, à façades plates ou doucement galbées. Le décor est discret ;
— les bureaux plats sont plus architecturés et dessinés avec plus de modernisme. Association d'éléments en volume (les tiroirs) et d'éléments volontairement linéaires ;
— les bureaux de dame évoquent les dos d'âne.

### Armoires, buffets et bibliothèques

— mêmes tendances au dépouillement ;
— les faces sont peu décorées ou font appel à un jeu de placage ;
— lignes en général bien dessinées avec alternance des courbes et des surfaces planes ;
— bibliothèques et armoires ont la même structure ;
— bibliothèques généralement à une ou deux portes surmontées d'une niche ouverte ;
— armoire de chambre équipée d'un miroir : deux portes galbées encadrent une porte plate en glace ;
— les buffets sont longs et droits, souvent bas ;
— des argentiers en vitrines surmontant le buffet de chaque côté, se retrouvent souvent sur un mobilier populaire.

### Les lits

— têtes de lit en bois, de forme géométrique simple, rectangle ou demi-cercle ;
— pieds de lit plus bas, de forme enveloppante ;
— renouveau des lits «bateau» à chevets très légèrement évasés ;
— apparition et grande fureur du cosy-corner aux lignes géométriques ;
— emploi du tube métallique, en général du cuivre, à section carrée.

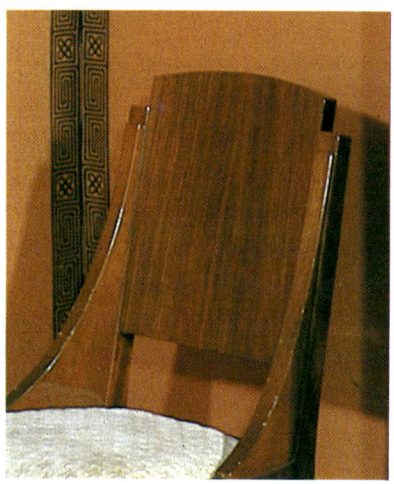

◀

*230.* Dossier légèrement cintré, rectangulaire, avec un léger décrochement au niveau des montants.
Côtés en gondole.

*231.* Secrétaire haut à abattant et deux tiroirs en loupe d'amboine.
Corps légèrement galbé.
Pieds fuselés soulignés d'un filet d'ivoire.
Entrée de serrure et poignées mobiles en anneaux en ivoire.
Plateau supérieur en doucine très aplatie.
▼

## Les matériaux

Les matériaux les plus divers ont été utilisés. Deux tendances semblent néanmoins s'affirmer et se caractérisent par :
— l'emploi de matériaux luxueux aimés des ébénistes ;
— l'emploi de matériaux industriels, facilement usinables, utilisés par les architectes.
Pour les meubles d'ébénisterie, palissandre, acajou, loupe d'amboine, loupe de noyer, chêne cérusé, ébène de macassar, frêne, sycomore, peuplier sont les essences les plus fréquemment rencontrées. D'autres matières s'y ajoutent dont les laques, le galuchat, le parchemin.
En outre, bronze, argent, métal chromé, ivoire servent, en incrustation ou en applique, au décor.
Les architectes ont essentiellement recours au tube métallique, chrome ou laqué qui sert de structure au meuble. Cuir, verre, contre-plaqué, bois courbé, bakélite complètent cette structure.

## Les créateurs

Ruhlmann est, sans aucun doute, la figure marquante des créateurs de meubles d'ébénisterie du 1925. D'autres noms méritent néanmoins d'être retenus : Leleu, Süe et Mare, Dominique, Jean-Michel Frank, Eugène Printz, Legrain, Rateau, Paul Iribe, Groult, Djo Bourgeois, Porteneuve sont parmi ceux-là.
A ces noms, il faut ajouter ceux des architectes dessinateurs de meubles qui ont milité pour une autre tendance très vivace de ce style. Aux Français Charlotte Perriand et Le Corbusier, René Herbst, Louis Sognot, Francis Jourdain, André Lurçat, Jean Prouvé, Pierre Chareau, Robert Mallet-Stevens, il faut ajouter ceux des Allemands Breuer et Mies Van Der Rohe ou du Néerlandais Rietveld.

**Principales caractéristiques du style 1925**

— pieds en fuseaux cannelés ;
— pieds-de-biche élancés ;
— galbes légers ;
— structures en tubes métalliques ;
— façades plates ou légèrement galbées ;
— sabots d'ivoire, de bronze ou de métal chromé ;
— fleurs stylisées ou géométrisées ;
— plateaux en retrait à arêtes vives.

# Table des matières

| | |
|---|---|
| La Renaissance | 3 |
| Le Louis XIII | 11 |
| Le Louis XIV | 19 |
| La Régence | 27 |
| Le Louis XV | 35 |
| La transition (entre le Louis XV et le Louis XVI) | 47 |
| Le Louis XVI | 49 |
| Le Directoire | 61 |
| L'Empire | 69 |
| La Restauration | 77 |
| Le Louis-Philippe | 87 |
| Le Napoléon III | 95 |
| Le modern style | 103 |
| Le 1925 | 111 |

Maquette : J.-M. Bertholle
Photographies :
P. Dupuis, J. Verdier et B. Petit

I.S.B.N. : 2-7072-0060-3